한국학 총서
한국의 교육과
사회이동

한국사회
계층화의 성별 차이는
줄어들었는가?

4

교육, 젠더와 사회이동

신광영·김창환

박영story

이 저서는 2015년 대한민국교육부와
한국학중앙연구원(한국학진흥사업단)의
한국학총서사업의 지원을 받아 수행된 연구임
(AKS－2015－KSS－1230004).

한국학 총서 서문

한국의 교육과 사회이동

최근 들어서 한국사회에서의 사회이동에 대한 논란이 확산되고 있다. 많은 사람들은 개인의 노력과 능력에 따라서 직업을 선택할 수 있고 부모 세대와 다른 직업과 지위를 획득할 수 있다고 믿어 왔다. "개천에서 용이 난다"는 말에서 알 수 있듯이, 가난한 집안의 자녀들도 열심히 노력하면 부모세대보다 더 좋은 직업과 높은 사회적 지위를 얻을 수 있다는 믿음이 한국 사회의 오래된 가치관이었다. 그러나 이러한 가치관에 대하여 비판적인 인식도 많다. 자녀의 직업과 지위는 개인적 노력보다는 부모의 학력이나 직업, 재산 등 다양한 가정배경 요인에 더 많은 영향을 받기 때문에, 사회이동 가능성은 더욱 줄어들며 불평등구조는 더욱 고착화된다고 믿는 사람들이 늘어나고 있다. "사회이동의 계층사다리가 사라졌다" 혹은 "사회적 지위향상의 엘리베이터가 고장났다"는 주장은 이러한 의견을 반영한다.

또한 사회이동에 대한 논란이 제기될 때 자주 등장하는 문제는 교육의 사회이동 효과이다. 소수의 집단만이 교육을 받는 전통사회와 달리, 현대 한국사회는 최소한 초·중등학교에서 교육받을 기회를 전 국민에게 동등하게 제공해 왔으며 대학교에 진학할 수 있는 기회도 누구에게

나 열려 있다. 많은 사람들은 이러한 교육기회를 활용하여 좋은 일자리를 선택하고 더 높은 사회적 지위를 얻고자 노력하기 때문에, 교육은 현대적 사회계층 이동의 주요 수단으로 인식되어 왔다. 한국사회에서 교육열이 높고 명문대학 진학 욕구가 강한 것은 이러한 사회이동의 순기능적 효과 때문이다. 그러나 다른 한편으로 교육불평등이 심화되면서 교육을 통한 사회이동 가능성이 줄어든다는 주장이 확산되고 있다. 가정배경이나 거주지역에 따라서 더 좋은 교육을 받을 기회가 달라지며, 부모의 학력이나 직업, 재산 정도 등이 자녀의 명문 학교 진학률, 안정적이고 전문적인 직업 선택에 많은 영향을 미친다. 특히 고학력층 청년세대의 실업률이 증가하고 비정규직 고용이 확대됨에 따라서 고등교육이 사회적 지위형성에 미치는 긍정적 효과 혹은 교육을 통한 세대 간 사회이동 가능성에 대한 회의적 시각이 확대되고 있다.

교육과 사회이동은 교육기회 확대와 사회구조 변화를 경험한 많은 국가에서도 주요 관심사항이다. 학자들은 부모·자녀 세대 간 직업지위의 연관성 혹은 교육기회 확대에 따른 사회이동 결과 등을 분석하고 국가·시기별 사회이동의 개방성 혹은 폐쇄성에 대해서 다양한 결론을 제시하였다. 또한 전 세계적으로 사회적 불평등이 심화되면서 이 주제에 대한 관심은 더욱 높아졌으나, 이들의 연구에서도 단일한 결론이 제시되는 것은 아니다.

교육과 사회이동에 대한 학계의 논의를 고려할 때, 한국사회의 사례를 연구하는 작업은 매우 중요한 의미를 갖는다. 주지하다시피 한국의 교육팽창 경험은 다른 나라와 비교해도 예외적인 사례이다. 근대적 교육제도를 도입한 미국이나 유럽의 국가뿐만 아니라 동아시아 신흥공업국도 대부분 교육기회를 확대해 왔으나, 한국은 이러한 국가보다 더 빠른 속도의 교육팽창을 경험한 바 있으며 현재 전 세계에서 고등교육 이수자가 가장 많고 여성의 고학력화 경향이 매우 높은 나라 가운데 하나로 알려져 있다. 또한 이러한 교육팽창은 '고도성장' 혹은 '압축성장'으로 지칭되는 역동적인 사회변동에서 나타난 현상이다. 해방 후 산업화가 낮은 수준에 머물렀던 시기, 중화학공업을 중심으로 하는 고도성장기, 'IMF위기'로 상징되는 경제위기 시기, 세계화와 정보화의 흐름이 본격화된 시기에 이르기까지, 한국은 시기별로 다른 특징을 나타내는 사회경제적 변화를 경험하였으며 교육팽창도 이러한 거시적 변화의 흐름에서 나타났다. 각 시대별로 인구구조, 직업구조, 교육제도, 노동시장 작동방식 등이 복합적으로 변화하면서, 부모세대와 자녀세대의 교육성취 정도가 변화하였고 사회이동의 형태와 가능성도 시기별로 상이하게 나타났다. 따라서 한국의 경험을 구체적으로 설명한다면 사회이동 문제를 종합적으로 이해하고 이 주제에 대한 이론을 정립하는 데 많은 도움이 될 것이다.

한국사회의 전반적인 사회이동 가능성과 교육의 사회이동 효과 등에 대해서는 많은 의문이 제기된다. 한국의 사회이동이 역사적으로 어떻게 변화하였으며, 최근 들어서 사회이동 가능성이 축소되었는가? 교육기회가 팽창되는 상황에서, 고등교육 제도의 확대는 교육불평등을 완화시켰는가 아니면 강화시켰는가? 부모의 사회경제적 배경이 고등교육에 미치는 영향력은 어느 정도인가? 교육이 직업이나 임금 등 노동시장 성과에 미치는 영향은 고학력화 되는 한국사회에서 어떻게 달라져 왔는가? 교육기회 확대는 남성과 여성에서 어떻게 상이하게 나타나는가? 여성의 고학력화는 여성의 노동시장 지위와 사회진출, 결혼 등에 어떤 영향을 미치는가?

이 연구총서는 국내외에서 활동하는 사회학자와 교육학자 5인이 교육과 사회이동을 주제로 3년간 공동 연구한 결과이다. 연구진들은 한국과 미국에서 사회이동, 교육불평등, 사회계급, 노동시장 등을 오랫동안 연구하고, 다양한 학술모임에서 교류하면서 최근 한국사회의 경험에 대하여 논의해 왔다. '한국의 교육과 사회이동'에 관한 체계적인 연구가 필요하다는 공감대를 형성하고 한국학중앙연구원으로부터 3년간

(2015년 12월부터 2018년 11월까지) 연구비를 지원 받아 세부 주제별 실증분석을 실시하였다.

본 연구팀은 '부모 계급, 자녀 학력, 자녀계급'의 삼각형 연구모형을 활용하여 한국 사회이동의 세 가지 경로를 분석하였다. 이른바 OED로 지칭되는 이 연구모형은 학계 전문가들이 세대 간 사회이동을 연구하는데 일반적으로 활용하는 분석틀로서, 부모계급(Origin)과 자녀계급(Destination)의 연관성, 부모계급(Origin)이 자녀교육(Education)에 미치는 효과, 자녀 교육(Education)이 자녀계급(Destination)에 미치는 효과를 구체적으로 설명하는 데 유용하다. 또한 연구팀은 교육과 사회이동이 성별로 상이하다고 가정하고, 여성의 고학력화 경향과 사회이동을 별도로 분석하였다.

《한국학총서》 4권은 이러한 삼각형 모형에 따른 연구결과이다. 1권은 "세대 간 사회이동 변화", 2권은 "부모의 사회경제적 지위와 자녀의 교육 결과", 3권은 "교육 프리미엄", 4권은 "교육, 젠더와 사회이동"을 주제로 한다. 독자들이 4권 주제의 연관성을 고려하여 읽는다면, 한국의 교육과 사회이동에 대한 전체적인 논지를 파악하는 데 도움이 될 것이다. 각 권의 내용을 간략히 소개하면 다음과 같다.

1권("세대 간 사회이동 변화")은 부모의 계급이 자녀의 계급 성취에 미치는 영향을 시기별로 분석하고, '한국 사회가 사회이동의 관점에서 얼마나 개방적으로 변화하였는가?'를 설명하였다. 사회이동과 관련하여 절대적 이동(absolute mobility)과 상대적(relative mobility) 이동을 개념적으로 구분하고, 사회조사자료를 기초로 한국사회의 세대 간 사회이동 추이를 실증적으로 분석하였으며, 국내외 세대 간 사회이동 현실을 비교하였다.

2권("부모의 사회경제적 지위와 자녀의 교육 결과")은 지난 반세기 한국 사회에서 부모의 사회 경제적 지위가 자녀의 교육 결과에 미치는 영향이 어떻게 변화되어 왔는지 실증적으로 분석하였다. 계층 이동에 있어 교육의 역할에 대한 사회학적 이론을 검토하고, 한국 사회의 교육기회 확대 과정과 교육제도 변화를 고찰하였다. 교육과 사회계층이동 조사, 인구총조사, 국제학생학업성취도평가 등 다양한 자료를 활용하여 양적 측면과 질적 측면에서의 교육 불평등 변화 양상을 분석하였다.

3권("교육 프리미엄")은 개인의 교육성취가 임금과 직업 등 노동시장 성과에 미치는 영향을 규명하였다. 교육과 노동시장에 대한 국내외 이론을 검토하고 한국사회의 교육과 임금·직업 등 노동시장 성취에 대한 실증적 연구를 수행하였다. 다양한 사회조사 원자료를 활용하여, 한국사회에서 학력과 노동시장의 연관성, 특히 고학력층의 노동시장 성과를 분석하고 연령집단 혹은 성별로 비교하였다.

4권("교육, 젠더와 사회이동")은 한국사회에서 교육과 계층화 과정의 성별 차이를 설명하였다. 교육제도 변화가 교육성취, 임금 및 사회이동에 미친 효과를 성별로 구분하여 연구할 필요성을 설명하고, 가부장제 사회에서 성별에 따른 교육과 사회이동의 연관성을 이론적으로 정리하였다. 특히 여성의 경우, 교육을 통한 사회이동은 직업을 통한 사회이동과 결혼(남편)을 매개로 한 사회경제적 지위획득 두 가지로 나타난다는 점을 설명하였다.

현재의 연구결과를 사회이동의 삼각형 모형으로 종합 정리하면, 한국의 사회이동이 시기·연령별로 크게 다른 경향을 보인다고 주장하기 어렵다. 사회이동의 첫 번째 경로인 부모세대(Origin)와 자녀세대(Destination)의 계급 연관성은 약화되었다. 절대적 이동은 산업 및 직업구조 변화의 지체로 인하여 더 이상 크게 늘지 않지만(상승이동은 줄어들고 하강이동은 늘어남), 상대적 이동은 오히려 더 활발해졌다. 다시 말해 한국 사회의 개방성이 더 늘어난 것이다. 또한 '학력'을 기준으로 할 때, 가정배경(Origin)이 자녀의 교육(Education)에 미치는 효과가 예전보다 더욱 강화되었거나 이러한 학력의 노동시장 효과가 변화되었다고 단정하기도 어렵다. 대학이라는 고학력이 임금수준과 직업획득에 미치는 효과도 일시적인 변화가 있음에도 불구하고 전반적으로 지속되고 있다. 그리고 대학졸업자 등 고학력층의 노동시장 성과도 크게 변화하였다는 실증적 증거를 찾기 어렵다.

그러나 이러한 사회이동 경향이 앞으로도 지속될 것이라고 단정하기 어렵다. 거시적인 관점에서 볼 때, 한국의 사회이동이 일정한 패턴을 유지해왔던 것은 교육과 노동시장이 긴밀하게 연계되었기 때문이다. 교육제도 변화에 따라서 대학졸업자 등 고학력층은 양적으로 빠르게 늘어났으며, 동시에 전문·관리·사무직 등이 확대되면서 노동시장에서의 상층이동 기회도 증가하였다. 교육팽창과 노동시장 확대가 비교적 긴밀하게 연계되면서, 학교졸업자들의 노동시장 이전(transition from school to work)은 안정적으로 지속되었다. 그러나 1997년의 경제위기 이후 교육과 노동시장의 연계성은 약화되고 있다. 고학력화 경향은 더욱 강화되지만, 노동시장은 안정적 일자리와 불안정한 일자리로 분화되고 있다. 고학력층은 학교졸업 후 선배세대와 마찬가지로 고학력에 맞는 일자리를 찾고 있으나, 노동시장은 과거와 같이 충분한 기회를 제공하지 못한다.

이러한 변화는 이 연구에서도 부분적으로 나타난다. 한국사회에서 상대적 사회이동은 증가하였으나, 최근에는 경제여건 변화에 따라서 사회계층구조의 상층부에 해당하는 일자리가 줄어들어 절대적 사회이동이 감소하는 경향을 보인다. 최근 들어서 많은 사람들이 사회이동이 줄어들고 더 나아가 불평등이 심화되었다고 인식하는 것은 이러한 절대적 사회이동감소 현상을 반영한 것이다.

또한 교육성과를 학력이 아니라 '학업성취' 개념으로 해석하면, 가정배경의 효과는 최근에 좀 더 명확히 나타났다. 노동시장에서의 고학력층 일자리구조가 분절화되면서 단순히 대학졸업생이라는 '학력'이 아니라 명문대학 입학 혹은 전문직 진출이 용이한 전공 졸업자가 더욱 중요해지고, 이를 위해서는 초·중고등학교 단계의 '학업성취'를 위한 경쟁이 더욱 치열해졌다. 따라서 가정배경 요인이 자녀의 학력보다는 사교육 및 학업성취도에 미치는 영향이 최근 들어서 명확히 나타나고 있으며, 이러한 점이 한국사회의 교육불평등 현실로서 자주 언급되고 있다.

그러나 불행하게도 최근 교육불평등의 사회이동 효과에 대해서는 실증적인 분석이 쉽지 않다. 가정배경의 학업성취도 효과가 명확한 집단은 수월성교육을 강조하던 1990년대 중반기 이후에 태어나거나 중·고등학교를 다닌 젊은 연령층이다. 이 연령층 가운데 많은 사람들은 아직 노동시장에 본격적으로 진입하지 않았다. 일부는 아직 대학을 졸업할 만한 연령이 아니며, 20대 중반의 연령층도 졸업을 미루고 스펙쌓기에 집중하거나 공무원시험을 준비하고 있다. 따라서 가정배경별로 학업성취도가 달라지는 20대 연령층이 노동시장에서 차지하는 계급지위(Destination)를 실증적으로 확인하는 작업은 현재로서는 불가능하다. 이러한 연구는 앞으로 학업성취도 혹은 대학 등 고등교육기관의 종류 등을 정확히 파악할 수 있는 장기 시계열적 자료를 확보할 때 본격적으로 시작할 수 있다.

이 과제의 일부 연구성과는 국내외 학술대회자료집과 학술지에 게재된 바 있다. 4권의 연구주제를 3년간 연구하면서 연도별로 세부 주제를 분석하였고, 일부 연구 결과를 『한국사회학』 혹은 『교육학연구』에 논문으로 게재하였다. 또한 국제사회학회(International Sociological Association)의 학술대회 혹은 사회불평등 국제심포지엄에서 연구결과를 발표하면서, 한국의 경험을 국내외 전문가들과 토론한 바 있다. 이 연구총서는 이러한 연구과정 및 성과 등을 토대로 작성된 결과물이다. 이러한 연구를 재정적으로 지원해 준 한국학중앙연구원, 그리고 3년의 연구기간에 훌륭한 연구조교 활동을 수행했던 공주박사와 연구결과에 대하여 귀중한 조언을 해 주었던 모든 분들에게 감사드린다.

이 연구총서가 교육과 사회이동에 대한 학문적 연구와 사회적 인식 형성에 활용되기를 희망한다. 교육문제에 대한 관심이 높은 한국사회에서, 국내외 학자들이 이 연구결과를 비판적으로 검토하고 학문적으로 발전시키는 계기가 되기를 기대한다. 또한 한국의 교육과 사회이동 경험을 객관적으로 이해하고 교육과 노동시장에서의 불평등 문제에 대한 생산적인 담론을 형성하는 데 도움이 되기를 바란다.

2020년 11월 25일
저자 일동

서 문

이 책은 한국에서 이루어진 교육제도의 변화가 교육기회와 관련하여 남성과 여성에게 어떤 변화를 가져왔는지를 분석하고, 그러한 변화가 남성과 여성의 사회이동과 임금에 미친 효과를 분석한다. 지난 반세기 동안 한국에서 교육기회는 급속도로 확대되었다. 초중등 교육기관과 고등교육기관이 늘어나면서, 교육을 받는 학생들의 비율도 빠른 속도로 높아졌다. 그러나 교육기회는 계급과 계층에 따라서 뿐만 아니라 젠더에 따라서도 다르게 영향을 미쳤다. 가족배경과 젠더에 따라서 교육기회가 다르게 주어졌다. 가부장제 사회에서 남성이 여성보다 교육기회를 더 많이 이용하였으나, 자녀수의 감소로 이러한 차이는 사라지고 오히려 여성의 고등교육 진학이 남성을 능가하는 '젠더 역전'이 나타났다.

그러나 여성의 대학진학률과는 달리, 노동시장에서의 남녀 임금불평등은 크게 약화되지 않았다. 대학에 진학한 남학생과 여학생의 전공이 다르기 때문에, 나타난 결과라는 가설이 강력하게 등장하였다. 전공분리가 강하게 유지되면서, 이러한 전공분리가 남녀 임금격차에 어떻게 영향을 미쳤는지를 살펴본다. 임금에 영향을 미칠 수 있는 가능한 모든 변수를 포함한 분석에서 20대 대졸자 여성은 대졸자 남성에 비해서 17% 정도 적은 임금을 받는 것으로 나타났다. 이것은 결혼이나 출산으로 인한 경력단절 이전에 이미 노동시장으로 진입하는 시기에 채용과 업무 할당 과정에서 존재하는 여성에 대한 차별의 결과 때문이라는 점을 논의한다.

교육은 사회이동에도 또 다른 영향을 미쳤다. 가부장제 사회에서 교육이 남성에게는 직업 획득과 관련하여 영향을 미쳤지만, 여성에게는 교육이 결혼을 통한 사회적 지위의 획득과 관련하여서도 영향을 미쳤다. 가부장제 사회에서 여성들의 경제활동이 제한이 되었기 때문에, 교육은 동질혼이 강한 사회에서 고학력 배우자를 만날 가능성을 높이는 조건으로 기능하였다. 그러므로 여성의 경우, 교육을 통한 사회이동은 직업 활동을 통한 사회이동과 결혼을 통한 배우자를 매개로 하는 사회경제적 지위 획득 두 가지로 나타났다. 이 책은 대학교육이 남성과 여성의 사회이동에서 어떤 차이를 만들어 냈는지 분석한다.

마지막으로 이 책의 1장, 2장, 4장은 신광영 교수가 집필을 담당하였고, 3장은 김창환 교수가 집필을 담당하였다.

신광영, 김창환

목 차

CHAPTER

01

교육, 젠더와 사회이동: 문제제기

CHAPTER 01

교육, 젠더와 사회이동: 문제제기

1. 교육의 의미
2. 교육과 기회의 불평등
3. 교육기회는 누가 이용하는가?
4. 젠더, 교육과 사회이동
5. 맺음말

CHAPTER 01

교육, 젠더와 사회이동: 문제제기

1. 교육의 의미

인류 역사에서 근대 이전까지 교육은 사회를 구성하는 다수와는 아무런 관계가 없는 제도였다. 조선시대 서당과 서원은 지배층인 소수의 양반과 그들의 자제들과 관련된 제도였다. 노동을 하지 않으면서, 글을 배우고, 유학을 논하는 일은 해가 뜨면 농사일을 하고 해가 지면 일을 마치는 일반 백성들과는 거리가 먼 일이었다. 사농공상(士農工商)으로 서열화된 신분제 사회에서 경제활동은 농사를 짓는 농민, 물건을 만드는 공인과 물건을 판매하는 상인들에 의해서 이루어졌고, 선비를 지칭하는 사(士)는 양반 계급으로 교육을 독점한 지배 엘리트였다. 이러한 점은 중세 유럽에서도 마찬가지였다. 중세 대학은 노동을 하지 않는 사람들이 문법, 논리학과 수사학을 배우는 공간이었다. 당시 대부분의 아동은 8~9세부터 농사를 짓는 일에 종사하였고, 글을 읽지 못했다.[1] 아동이 따로 사회집단으로 분류되지도 않았고, 어른과 동일하게 취급되었기 때문에, 오늘날과 같이 아동을 어른과는 다른 사회집단으로 인식하고, 아동 노동을 금지하는 규범은 존재하지도 않았다.[2] 중세 유럽에서 글을 읽고, 쓸 수 있는 능력을 가진 사람들은 라틴어를 사용했고, 이러한 능력을 가진 사람들은 지배층인 성직자나 기사들이었다.[3] 중세 대학에서 공부하는 학생들은 대학에서 공부를 한 후, 교회나 국가에서 일을 하였다. 대중은 교육을 받지 못했고, 교육제도도 존재하지 않았다. 중세 대학은 조선 시대 서원과 마찬가지로 독립적으로 만들어진 조직이었고, 정신적으로 사회를 지배하는 성직자나 농노를 통치하는 일을 하는 엘리트를 육성하는 것이 주된 업무였다.

교육이 경제적인 차원에서 인식되기 시작한 것도 아주 최근의 일로 1960년대에 들어서면서 부터였다. 교육이 개인적인 차원에서 취업이나 경제활동 이전 단계의 중요한 생애과정으로 인식되면서, 교육에 대한 경제적인 인식이 발전하였다. 교육을 통해서 지식이나 기술을 습득하고, 이를 통해서 경제활동에 필요한 능력을 함양한다. 1960년대 미국 경제학계에서 등장한 인적 자본론(a theory of human capital)은 교육을 경제활동을 하는데 필요한 과정이자, 일에 대한 보상에 영향을 미치는 핵심적인 요인으로 간주한다. 1958년 시카고대 경제학과 교수 제이콥 민서(Jacob Mincer)는 "인적 자본 투자와 개인 소득 분포(Human capital investment and personal income distribution)"라는 논문에서 인적 자본이라는 용어를 처음으로 사용하였다. 그와 같은 시카고 대학 경제학과 교수이자 2004년 노벨 경제학상을 수상한 개리 베커(Gary Becker)는 교육을 통한 여러 가지 능력과 직장에서의 경험이 모두 생산 활동을 원활하게 하는 요소라고 보고, 이것을 인적 자본(human capital)이라고 부르고 인적 자본에 관한 경제학 이론을 발전시켰다. 공장이나 생산 설비처럼 가시적인 경제적 자본도 중요하지만, 비가시적인 인적 자본(human capital)도 생산 활동에 필요한 핵심적인 생산 요소라는 것이다. 그러므로 교육을 받는 일은 시간과 자원을 투자하는 과정이고, 그것이 이후에 기회비용을 포함해서 더 높은 임금이나 소득의 형태로 회수된다는 것이다.

인적자본론은 인적 자본에 따른 임금 차이가 교육 수준에 따라서 생산성이나 업무 성과가 다르기 때문이라고 본다. 교육이 생산성 차이를 만들어내고 그것이 기업의 이윤 창출에 기여한다고 보기 때문에, 교육 수준에 따른 보상의 차이가 임금 차이의 주된 요인으로 간주된다. 개리 베커(Gary Becker)와 제이콥 민서(Jacob Mincer)와 같은 경제학자들은 교육과 훈련에 대한 투자는 일의 성과에 따른 보상 수준에 달려있다고 주장했다.[4] 인적 자본 투자와 보상과의 관계는 모든 사회에서 나타나는 보편적인 현상이며, 이러한 점이 교육에 대한 투자가 경쟁적으로 이루어지게 만드는 원인이라고 본 것이다.

또한, 노동생산성에 영향을 미치는 요인으로서 인적 자본은 개인들의 지식과 기술 수준, 일에 대한 태도, 성취동기, 정서적 안정성 등 경제활동에 영향을 미칠 수 있는 다양한 요소를 포함할 수 있다. 경제학자인 보울스와 진티스[5]가 주장하는 것처럼, 인적 자본은 조직의 규칙과 규율을 따르는 것과 위계적인 사회체제에 순응하는 것을 포함한다. 이와는 다르게 스펜스[6]가 주장하는 것처럼, 교육은 경제활동과는 무관하게 개인의 잠재적인 역량(capability)을 보여주는 신호(signal)라고도 볼 수도 있다. 교육이 현실적인 생산성을 보여주는 지표가 아니라 잠재적인 역량의 지표로서 사용된다면, 교육은 취업, 승진과 일에 대한 보상 등에서 중요한 역할을 하게 된다. 이와 같이 경제와 관련하여 교육을 새롭게 인식하기 시작한 것은 모두 최근에 이루어졌다.

사회학적인 차원에서 교육은 인적 자본보다는 주로 사회이동과 관련하여 다루어진다. 사회학에서 오랜 기간 동안 발전된 지위획득모형(status attainment model)[7]이나 문화자본(cultural capital)에 관한 논의[8]는 교육을 통해서 이루어지는 계층이동이나 비이동(재생산)에 초점을 맞추고 있다. 교육이 계층이동의 사다리로서 역할을 하며, 이것이 근대 이전의 사회들과 근대 사회 간의 차이를 만들어 내는 핵심적인 제도적 차이이며, 서로 다른 사회원리를 만들어 낸다고 보았다. 이들 연구들은 사회이동을 산업구조의 변화나 직업구조의 변화로 인한 구조적 사회이동과 사회계층이나 계급 지위의 뒤바뀜의 결과로 나타나는 교환이동(제1권을 참조할 것)을 구분하고 있다. 교환이동은 산업이나 직업의 변화가 없는 상태에서 일어나는 사회이동이라고 볼 수 있다. 산업이나 직업의 변화가 없을 경우에도, 사람들 사이의 일자리 이동이 이루어질 수 있으며, 이는 서로 자리를 바꾸거나 혹은 여러 명이 연쇄적으로 자리를 바꾸는 방식으로 이루어진다. 이러한 자리 변화가 교환이동이다. 현실적으로 일어나는 사회이동은 구조적 이동과 교환이동을 모두 포함하고 있다.

사회학 내에서 아주 최근까지도 제도적으로 확대된 교육기회가 사회이동에 어떤 영향을 미치는지에 대한 연구들이 지속적으로 이루어졌다.[9] 이러한 연구들은 교육기관의 팽창이 교육기회의 확대로 나타나기 때문에, 이러한 변화가 궁극적으로 사회이동도 높이는 것인지에 관한 연구들이다.

2. 교육과 기회의 불평등

오늘날 교육이 사회경제적 지위를 얻는 중요한 기회로 인식되기 시작하면서, 제도적 차원에서 교육은 기회의 불평등과 관련하여 논의되기 시작하였다. 교육을 받은 사람들과 그렇지 못한 사람들 사이에서 불평등과 격차가 발생하고, 교육이 전체 생애과정의 사회경제적 지위에 큰 영향을 미치게 되었다. 의무적으로 이루어지는 대중교육이 제도화되고 또한 다양한 고등교육이 발달하면서, 고등교육을 받은 사람들이 희소한 경제적 자원을 차지하는 경향이 커졌다. 그리고 교육 특히 고등교육이 사회경제적 지위를 결정짓는 중요한 요인으로 간주되기 시작했다. 고등교육을 받기 위한 교육 경쟁이 현대사회의 특징 중의 하나가 되면서, 고등교육을 받을 수 있는 기회와 관련된 기회의 평등/불평등이 중요한 쟁점이 되었다.

그리하여 오늘날 기회의 평등/불평등에 관한 논의는 주로 교육기회와 관련하여 이루어지고 있다. 미국의 경제학자 존 로머(John Roemer, 1998)는 두 가지 유형의 기회 불평등을 구분하고 있다. 첫 번째 기회 불평등은 "기울어진 운동장"으로 비유되는 불평등으로 합당한 능력을 가진 사람들이 경쟁에 참여할 수 없는 경우에 발생하는 불평등이다. 계급, 인종, 성, 국적 등으로 인하여 교육을 받을 기회가 차등적으로 주어지거나, 거주 지역에 따라서 교육재정, 교육시설이나 교사의 수준이 달라서 교육의 질이 다른 경우도 이에 해당한다. 다른 하나는 경쟁에 참여하였지만, 어떤 일을 할 수 있는 역량을 갖추었음에도 불구하고, 개인의 역량 이외의 기준이 적용되어서, 선발되지 못하는 경우이다.[10] 교육기회의 불평등은 첫 번째 경우에 속한다. 한국과 같이 사교육비 부담으로 인하여 역량 계발의 불평등이 발생하는 경우가 이러한 경우에 해당한다.

두 번째 기회의 불평등은 신입사원 채용과정에서 흔히 나타날 수 있는 기회의 불평등이다. 남성 중심 조직문화가 강한 회사나 기관에서 신입 사원 선발이나 승진 심사에서 여성보다 남성을 더 선호하는 경우가 대표적인 예이다. 이 경우 기회의 불평등은 일할 기회의 불평등이다. 또한 취업이 된 경우, 조직 내에서 승진할 기회가 젠더, 인종, 출신 지역, 학력 등에 따라서 차별적으로 주어지는 경우에도 기회의 불평등이 나타난다.

현실에서 존재하는 기회의 불평등은 두 가지가 혼재되어 있다. 그리고 두 가지가 결합되어 작동한다. 교육기회의 불평등은 교육을 마친 이후에 진출하는 노동시장에서 발생하는 2차적인 불평등의 원천이라는 점에서 1차적인 기회의 불평등이라고 부를 수 있다. 또한 이 과정은 가족배경이 자녀의 교육에 영향을 미친다는 점에서 세대를 매개로 한다. 자녀의 교육기회가 부모의 사회경제적 지위에 따라서 결정된다면, 자녀의 생애과정 전체가 1차적인 교육기회의 불평등으로 영향을 받을 수 있다.

1차적인 기회의 불평등 자체도 매우 복합적인 요인에 의해서 영향을 받는다. 교육은 학교교육뿐만 아니라 가족생활을 통해서 이루어지는 가정교육을 포함한다. 프랑스의 사회학자 피에르 부르디외(Pierre Bourdieu)의 문화자본(cultural capital) 개념은 가족생활을 통해서 누적적으로 습득된 지식, 취향, 태도, 성향과 행동에서 나타나는 계급 간 차이를 설명하고자 제시되었다. 그는 문화자본이 오랜 시간에 걸쳐서 형성된 예술에 대한 취향, 사람들과의 관계를 만드는 매너, 사용하는 언어, 체화된 관습 등을 포함한다고 보았다.[11] 몸과 마음에 체화되어 있어서 이러한 문화자본은 계급에 따라 차이를 보이며, 문화자본을 가지고 있는 학생들과 그렇지 못한 학생들 사이에서 공식적인 학교 성적에서도 큰 차이를 보인다는 점을 프랑스 사례를 통해서 입증하였다.

오늘날 부르디외의 통찰은 사회과학 전반으로 확대되었다. 그리하여 사회학, 심리학, 교육학 등 다양한 학문 분야에서 이루어지고 있는 새로운 연구들뿐만 아니라 경제학에서도 어린 시기의 경험이 평생 동안 지속된다는 점을 밝히고 있다.[12] 미국의 심리학자 캐서린 넬슨(Katherline Nelson)은 아동의 인지발달과 관련하여 영유아기 돌봄이 대단히 중요한 영향력을 행사하며, 언어 발달이 가족을 매개로 이루어진다는 것을 밝혔다. 그녀는 유아는 새로운 가족 환경 속에서 어떻게 행동해야 하는지 모르는 상태에서 생존을 위해서 상호작용을 통해서 배워간다고 보고, 상황을 이해하고 적응하는 과정은 '매개된 마음(mediated mind)'을 통해서 이루어진다고 보았다.[13] 매개된 마음은 언어를 통해서 이루어지는 유아 경험의 재현과 소통의 산물이라는 점에서 사회적, 문화적 산물이다. 사회경제적 지위가 다른 가족의 아동이 사용하는 어휘를 연구한 학자들은 고소득 가정의 아이들이 저소득 가정의 아동보다 훨씬 많은 어휘를 사용하고, 읽기능력도 훨씬 높은 수준이라는 것을 밝히고 있다.[14]

경제학에서도 대표적으로 노벨 경제학자 수상자인 시카고 대학 경

그림 1.1 부모의 사회경제적 지위에 따른 수학능력, 2015

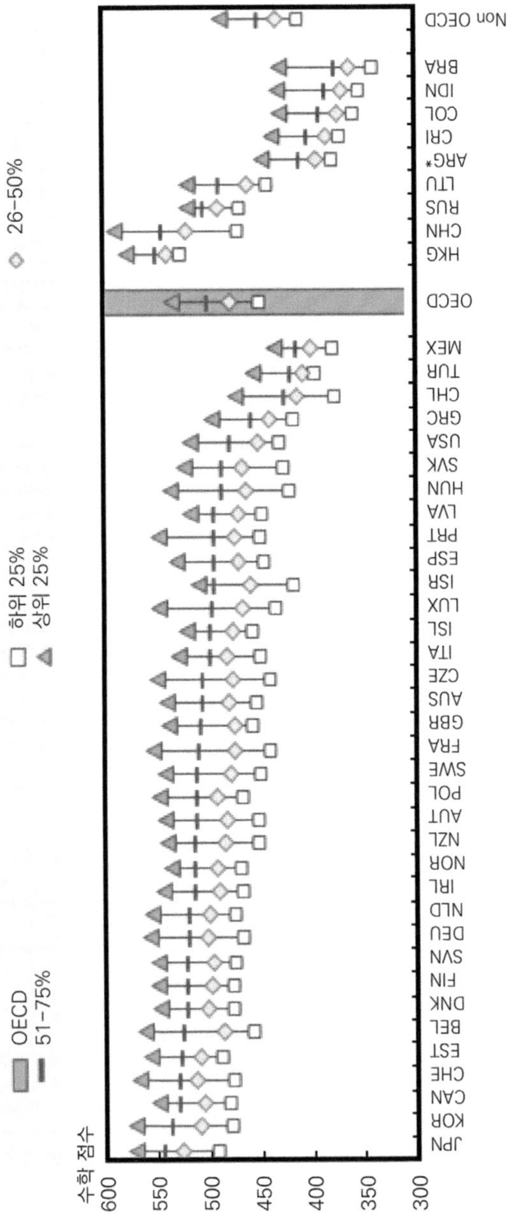

자료: OECD(2018: 42).

제학과의 제임스 헤크만[15]은 아동기에 교육을 제대로 받지 못한 어린이들의 경우, 성인이 되어서도 지속적으로 인지발달과 개인의 학습능력에 있어서 지체를 보여, 평생 동안 저임금 직종에 종사하게 되어 빈곤에서 벗어나기 힘들다는 것을 밝혔다. 그러한 상황을 예방하기 위하여 그는 어린 시기에 국가가 조기교육을 강화할 것을 강조하고, 조기교육 강화가 빈곤 해소와 사회의 균형적인 발전을 위해서 핵심적으로 중요한 과제라는 점을 주장하고 있다. 그는 어린 시기부터 시작되는 상이한 가정환경으로 인한 불공정한 조건에서 차이가 시작된다고 보았다. 1차적인 기회의 불평등이 해소되지 않은 상태에서, 노동시장에서의 공정한 경쟁 혹은 차별 반대만을 강조하는 것은 능력주의(meritocracy)의 함정에 빠질 수 있다고 비판하고 있다.

그림 1.2 가족 배경(교육, 직업, 소득)

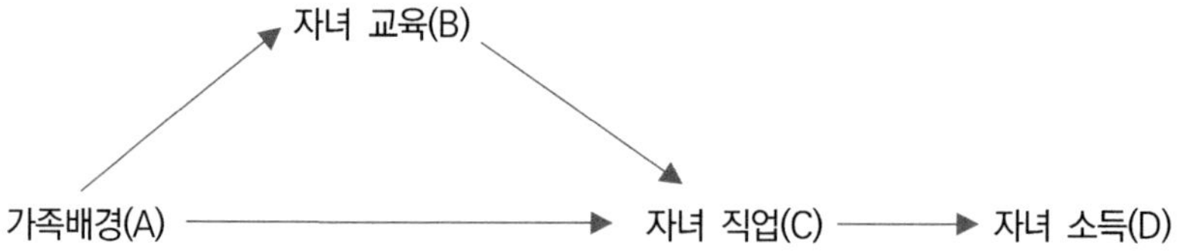

한국에서 대학교육까지 상당한 정도로 대중화되었지만, 현실에서 자녀들이 받는 교육기회는 큰 격차를 보인다. 가족의 경제적 지위나 문화적 차이로 인하여 자녀들의 교육에서 격차가 나타나기 때문에, 자녀교육에 미치는 가족 배경의 효과는 자녀들이 책임질 수 없는 요소이다. 자녀들은 자신들이 선택할 수 없는 상황하에서 특정한 가정에 태어나지만, 부모의 사회경제적 지위에 의해서 자신들의 초기 삶이 결정된다. 그러므로 자녀들의 초기 삶은 전적으로 개인의 운(명)에 달려있다. 어느 누구도 어떤 집(부모)에 태어날지 미리 예측할 수도 없고, 선택할 수도 없기 때문이다. 모든 사람들에게 태어난 국가, 지역, 인종, 계급, 성, 지역, 가족 배경, 건강상태, IQ 등은 신생아의 선택과 무관한 것이지만, 현실적으로는 이러한 요소들(A → B)이 전 생애과정에 걸쳐서 삶에 영향을 미치는 요소이다.

그러나 학벌이 높은 청년들이 소득이 높은 직업을 갖는 현실에서 능력(실력)이 있는 학생들이 좋은 직업을 갖는 것이 당연한 것이라는 능력주의(meritocracy) 이념이 팽배해 있다. 개인의 능력에 따라 보상 수준이 달라지는 사회가 공정한 사회라는 인식이 확산되어 있다. 능력주의는 실제로 교육(B)과 직업(C)과의 관계와 직업(C)과 소득(D)와의 관계를 모두 포괄하는 원리이자 이데올로기이다. 통상적으로는 교육과 소득과의 관계(B → D)를 포괄적으로 의미하기도 한다. 한국사회에서 좋은 대학을 졸업하였기 때문에, 높은 소득을 얻는 것이 당연하다는 인식이 이러한 점을 반영한다.

그러나 직업(C)과 소득(D)과의 관계만을 강조하는 능력주의는 한국사회의 교육과 불평등 현실을 충분히 설명하지는 못한다. 먼저, 학력이 개인의 역량을 보여주는 지표인가? 그리고 교육이라는 지표로 평가되는 개인의 역량이나 능력이 자신의 선택과 노력에 의해서 획득된 것이 아니라 부모의 부와 능력에 의한 것은 아닌가? 만약 자녀의 역량이나 능력이 자녀 자신의 선택과 노력에 의한 것이 아니라 부모의 부와 능력에 의한 것이라면, 자녀의 직업과 소득은 얼마나 정당한 것으로, 즉 자신의 능력에 따른 결과물로 인정될 수 있을까? C에 미치는 A와 B의 영향이 크면 클수록, C와 D를 토대로 능력주의를 내세우는 것은 타당성이 떨어지게 된다.

미국의 정치철학자 리차드 아네손(Richard Arneson)은 개인이 책임질 수 없는 요인으로 인하여 발생하는 이익이나 불이익을 결과의 불평등에서 제거하는 것이 사회적 정의의 핵심적인 요소라고 보고, 이를 "운상쇄 평등주의(luck egalitarianism)"라고 불렀다.[16] 개인들이 책임질 수 있는 선택의 결과에 따른 불평등이 아니라 자신들과 아무런 관계가 없는 요소에 의해서 만들어진 불평등은 부당한 불평등이라는 것이다. 나이가 어릴수록, 학생들 사이의 교육 기회의 불평등은 자신의 선택이라기보다는 부모의 선택일 가능성이 높다. 그런 점에서 유아기나 아동기 교육기회의 불평등에 따른 교육 격차는 아동이 책임질 수 없는 불평등이다.

능력주의가 공정한 분배원리로 받아들여지기 위해서는 능력이 혈통이나 부에 의해서 영향을 받는 것이 아니라 능력을 함양할 기회가 공평하게 주어지고, 노력을 통해서 능력이 형성되어야 한다. 즉, 능력을 키울 기회가 누구에게나 고르게 주어져야 한다. 그런 점에서 경제적 격차에 의해서 혹은 지역 간 격차에 의해서 다르게 주어지는 사교육 기회가 학습능력의 격차를 만들어 내고, 그것에 따라서 직업과 소득의 격차가 발생한다고 한다면, 경제적 격차가 소득격차를 만들어 낸다고 볼 수 있다. 학생들은 자신들이 선택할 수 없는 부모의 경제적 지위와 거주 지역 등에 의해서 사교육 기회가 달라지기 때문에 불공정 경쟁 상태에 놓이게 되는 것이다.

글상자 1.1 무지의 베일(veil of ignorance)

미국의 철학자 존 롤스(John Rawls, 1921-2002)는 「A Theory of Justice」(정의론, 1971)에서 하나의 사고 실험으로 모두가 자신이나 타인의 출신 배경이나 능력에 따른 상대적 위치를 모르는 상태에서 분배 원칙에 관한 규칙을 결정한다면, 어떤 분배 규칙에 합의할 것인가라는 질문을 던졌다. 여기에서 모두가 서로의 출신 배경이나 능력을 모르는 가상적인 상태에서 분배에 관한 결정을 하는 방법을 '무지의 베일'이라고 불렀다. 그는 사회계약론의 전통에서 분배적 정의에 관한 논의를 발전시킨 철학자로 모든 사람들이 자신과 타인의 국적, 인종, 성, 가족배경, 학력과 능력에 대해서 전혀 알지 못한다면, 모든 사람들이 동의할 수 있는 분배원리는 누가 가장 열악한 상태에 놓일지 모르는 상태에서 가장 열악한 상태에 놓일 사람들이 나름대로 최대 대우를 받을 수 있는 '최소 수혜자의 최대 보장 원리'(maxmin)에 합의할 것이라고 주장하였다.

미국의 철학자 롤스(John Rawls)는 로크(John Locke), 루소(Jean Jacque Rousseau)와 칸트(Immanuel. Kant)와 같은 유럽 대륙의 사회계약론 전통을 이어받아, 공정(fairness)으로서의 정의(justice) 개념을 제시했다. 그는 개인이 통제할 수 없는 요인(가족 배경, 지능, 생물학적 요인 등)들이 개인의 경제적 지위에 영향을 미치지 않은 상태인 "무지의 베일(veil of ignorance)"이라는 가상적인 상태를 가정하고, 이러한 상태에서 이루어질 수 있는 분배의 원칙에 관한 합의에 대해서 논의하고 있다.[17] 롤스는 모든 사람들이 자신의 능력이나 다른 사람의 능력을 모르는 상태, 즉 베일로 눈을 가려서 자신과 다른 사람들에 대해서 아무런 정보가 없는 상태에서 경쟁이 이루어지는 상태를 가정하고, 경쟁의 결과에 따른 분배원칙에 관해서 논의를 한다고 가정하자. 그 때 어떤 분배원칙이 모두가 받아들일 수 있는 분배의 원칙이 될 것인가? 누가 승자가 될지 또한 누가 패자가 되더라도, 승자가 독식하는 것은 모두가 받아들일 수 없는 분배의 원칙이며, 모두가 합의할 수 있는 가장 합리적인 분배적 원칙은 누가 패자가 되더라도, 패자가 나름대로 보장을 받을 수 있는 분배의 원칙인 '최소 수혜자의 최대 보장 원칙(maximin)'이라고 주장하였다.[18] 이것은 누가 가장 열악한 상황에 놓이게 될지를 아무도 모르기 때문에, 각자가 자신이 처할 수도 있는 최악의 상황을 고려하여 경쟁 게임의 분배원칙을 생각한 결과이다. 이것을 "차등의 원리(the difference principle)"라고 불렀다.[19]

이러한 원칙에서 두 가지 핵심적인 조건은 누구에게나 평등하게 기본적인 자유가 보장이 되고, 이들 모두에게 기회가 평등하게 열려 있는 '기회의 평등'이 보장되어야 한다는 것이다.[20] 계급, 인종, 성, 교육수준, 운 등에 영향을 받지 않고, 모두에게 생활의 전망이 동등하게 열려있는 상태하에서 경쟁이 이루어질 때, 그리고 그 사회에서 가장 열악한 지위(the least-advantaged members of society)에 있는 사람들이 최대한의 혜택을 보장 받을 수 있을 때, 정의로운 분배가 이루어질 수 있다고 주장하였다.[21] 여기에서 기회의 평등은 적어도 결과의 불평등을 정당화 할 수 있는 최소한의 조건이 된다.

위의 주장들은 [그림 1.1]에서 A가 B에 미치는 영향력을 가능한 한 적게 만들기 위한 논의들이다. 본인의 학력이나 직업에 본인의 선택이 아닌 스스로 통제할 수 없는 요인들인 가족배경의 효과를 줄인 상태에서 최종적인 결과는 본인의 노력이나 능력에 따른 보상이라는 보상원리를 제시하고 있다. 그리고 그런 경우에도 경쟁에서 가장 열악한 위치에 놓인 사람들이 기본적인 삶을 누릴 수 있는 최대의 조건을 보장하는 것을 공정한 분배의 원리라고 본 것이다.

현대 사회에서 모든 사람들에게 1차적인 기회의 평등은 교육기회와 연관되어 있다. 인류 역사에서 오늘날은 교육을 받는 기간이 가장 길어진 시기이다. 교육과정 자체도 여러 단계를 거치면서 진화하였다. 교육이 단계적으로 분화되어 있을 뿐만 아니라, 내용적으로도 분화되어 있다. 그러므로 기회의 평등/불평등은 교육 단계별로 또한 각 단계에서 이루어진 학교 선택과 관련이 되어 있다. 예를 들어, 한국에서 중학교에서 고등학교로 진학하는 단계에서 이루어지는 선택은 일반계 고등학교, 실업계 고등학교와 특수목적 고등학교 중에서 선택하는 것이다. 고등학교 졸업 이후의 선택은 대학 진학을 하지 않는 경우와 대학으로 진학하는 경우의 선택이다. 그리고 대학으로 진학하는 경우는 2년제 전문대학이나 4년제 대학교 중에서 이루어지는 선택과 수도권 대학이나 지방에 소재한 대학 중 어디에 위치한 대학인가 등 고등교육 내에서 나타나는 분화나 서열과 관련되어 있는 선택이다.

3. 교육기회는 누가 이용하는가?

의무교육 이후의 교육을 받을 수 있는 기회는 한편으로는 가족이 교육에 동원할 수 있는 경제적 능력을 고려하여 이루어진다는 점에서 가족의 선택과 관련이 된다. 다른 한편으로, 교육은 국가의 경제정책이나 복지정책과 밀접하게 관련되어 있다. 유럽의 많은 나라에서 교육은 대학교육까지 무상으로 이루어지고 있다. 교육이 복지정책의 일환으로 간주되기 때문이다. 기회의 균등 차원에서 고등교육에 대한 기회도 부모의 경제력에 영향을 받지 않도록, 대학교육이 모두에게 개방되어 있다.

한국에서 교육은 복지가 아니라 미래를 위한 투자이며, 국가적 차원에서 교육은 경제성장을 위한 인력공급 정책의 수단으로 간주되었다. 그러므로 고등학교체제의 개편, 대학의 입학정원 조정과 입시제도 개편과 같은 국가의 교육정책에 따라서 학생들의 교육기회가 달라진다.

그림 1.3 **학교급별 진학률**

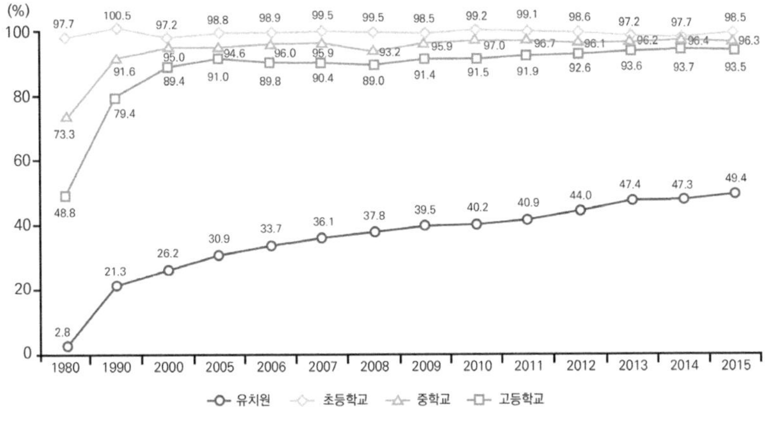

자료: 한국교육개발원 교육통계분석자료집, 통계청(2017.6) 장래추계인구.

[그림 1.3]은 1980년부터 2015년까지 35년간 한국의 각급 학교별 진학률 추이를 보여준다. 1959년부터 초등학교(당시는 국민학교라고 불림) 교육이 무상 의무교육으로 시행되어 모든 아동들이 초등학교를 이수해야 했다. 2004년부터 중학교 교육이 무상 의무교육으로 실시되면서 중학교 진학자가 크게 늘었다. 그리고 고등학교의 무상교육이 2021년부터 실시될 예정이다. 이러한 제도적인 변화는 초등학교, 중학교, 고등학교 진학률에 직접 영향을 미치는 변화라는 점에서 교육기회의 평등을 강화시키는 변화라고 볼 수 있다.

그러나 초등학교 이전 교육에서는 격차가 대단히 크다. 초등학교 이전 교육단계인 유치원 교육에서 전체 아동의 절반 정도만이 교육을 받고 있다. 2010년 3, 4, 5세 아동 중 39.9%의 아동이 유치원에 등록을 하였고, 2019년에는 등록률이 48.1%로 증가하였지만, 여전히 초중고등 교육에 비해서 낮은 수준에 머물고 있다.[22] 이것은 아직까지 유치원 교육이 의무교육이 아니고 또한 무상교육도 아니기 때문이다. 현재 한국의 영유아 교육은 수요 차원과 공급 차원의 문제를 동시에 안고 있다. 먼저, 공급 차원에서 영유아를 수용할 수 있는 시설(유치원과 어린이집)이 절대적으로 부족한 상태이다. 그리고 영유아 보육서비스 수요는 영유아를 유치원에 보낼 수 있는 부모의 조건(취업 상태나 소득 수준) 등에 영향을 받는다. 한국의 경우, 절반 정도의 어머니들이 스스로 자녀 보육을 담당하고 있기 때문에, 유치원 교육을 받는 아동 비율은 매우 낮아서 절반 이하에 머무르고 있다.[23]

[그림 1.4]에서 볼 수 있듯이, 유아교육과는 달리, 한국의 고등교육 진학률은 세계 최고 수준을 보여주고 있다. 고등학교 졸업자가 늘고, 대학 수가 늘어나면서, 고졸자의 대학 진학률도 꾸준히 높아졌다. 1980년 11.4%의 대학취학률이 2008년에는 70.57%까지 높아졌다. 2008년 70.5%로 정점을 이루었다가 약간 낮아져서 2018년 기준 67.6%로 낮아졌다. 이러한 변화는 정부 대학정책 변화와 맞물려 있다.

1981년 제5공화국 정부가 졸업정원제를 도입하여, 대학정원의 30%를 늘리면서, 대학진학률이 급격하게 높아졌다. 그리고 1994년 대학설립 준칙주의를 내세워 일정한 요건만 갖추면 대학을 설립할 수 있게 하면서, 신설 대학 수가 급증하였다. 1960년 61개 대학에서, 1970년 152개, 1980년 214개, 1990년 241개, 1995년 304개로 늘었고, 2000년 349개, 2005년에는 360개로 정점을 이루었다. 그리고 2018년 기준 340개로 약간 줄어들었다.

대학 수가 증가하면서, 오늘날 전체 고등학교 졸업자의 절대 다수가 대학에 진학하는 '고등교육의 대중화'가 이루어졌다. 그리고 이러한 추세는 1997년 외환위기 이후 오히려 더욱 강화되었다. 김대중 정부가 위기극복 프로그램으로 도입한 노동시장 유연화가 이루어지면서, 대학교육이 더욱 불확실해진 노동시장에서 더 많은 기회를 얻을 수 있는 수단으로 인식되고, 보다 안정된 일자리를 얻을 수 있는 유일한 길이라는 인식이 강화되면서, 고등교육 취학률은 외환위기 전보다 훨씬 더 높아졌다. 더 나아가 학교교육 이외에 취업에 유리하다고 간주되는 특별한 역량을 강화하기 위한 '스펙 쌓기'가 경쟁적으로 이루어지면서, 교육비용이 더 들어가는 경우에도 경쟁적으로 비용을 지출하는 '스펙 경쟁'도 나타났다.[24)]

그림 1.4 고등학교와 대학 취학률 추이 비교

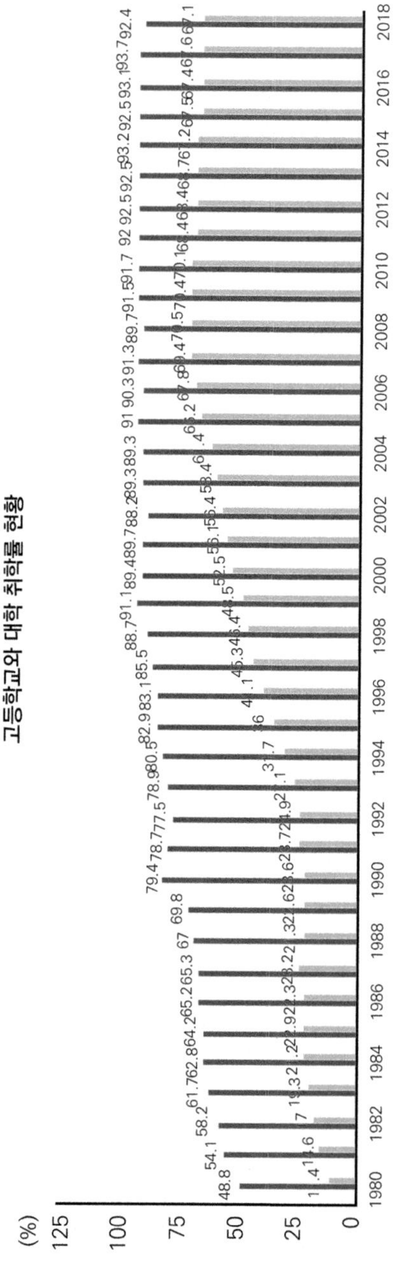

글상자 1.2 스펙 경쟁

스펙은 원래 컴퓨터 사양(specification)을 의미하는 영어 표현에서 유래하였다. 컴퓨터의 성능을 결정하는 사양은 메모리 용량, CPU 속도, 소모 전력, 모니터 화소 등으로 사양에 따라서 컴퓨터의 가격이 달라진다. 스펙 경쟁은 취업 경쟁에서 지원자들의 역량을 보여주는 학점, 언어능력, 자격증, 특별한 재능 등 취업 경쟁에서 유리한 역량을 쌓기 위한 경쟁을 의미한다. 이러한 경쟁은 대학 등록금 이외에 외국어 능력 제고를 목적으로 하거나 특별한 자격증 취득을 위해 대학 이외의 사설 교육기관에서 교육을 받거나 해외연수와 같은 추가적인 교육을 포함하기 때문에, 많은 추가적인 비용을 필요로 한다. 그러므로 소득이 낮은 가구는 자녀들에게 스펙 경쟁에 필요한 경제적인 지원을 하기 힘들다.

사회 영역에서 남성과 여성의 차별이 가장 약화된 곳은 교육의 영역이었다. 교육이 국가가 관리하는 공적인 영역으로 인식되고, 자녀수가 줄어들면서, 교육투자와 교육영역에서 남녀 차별은 크게 약화되었다. 교육은 다른 어떤 분야보다 개인의 능력과 노력에 의해서 성과가 결정되는 영역이다. 그러므로 개인의 능력에 따른 평가와 보상이 주어지는 업적주의(meritocracy) 원리가 가장 잘 발휘되는 영역이다. 그 결과, 전 세계 대부분의 나라에서 여성들의 교육 기회가 빠르게 확대되었고, 많은 나라에서 젊은 여성들의 교육 수준이 남성들의 교육 수준을 앞지르기 시작했다.

[그림 1.5]는 OECD 국가들 성별 고등교육 취학률을 보여준다. 이미 1960년대 후반부터 많은 나라에서 여성들의 고등교육 취학률이 남성을 능가하기 시작했다. 20세기에 걸쳐서 초등교육과 중등교육(중학교와 고등학교 교육)을 받을 수 있는 기회가 남성과 여성 모두에게 확대되었다. 그리고 더 나아가 대학교육에 대한 접근에서도 남녀의 격차가 빠르게 줄어들었다. 서구의 경우, 1970년대 이후 태어난 여성들에서 이

러한 추세가 더욱 뚜렷해서 여성의 교육수준이 남성을 능가하는 현상도 나타났다.[25] 2000년대 들어서 한국에서도 남성보다 여성의 교육 참여도가 높고 또한 교육성과도 더 우수하여, 남성과 여성의 위치가 뒤바뀌는 '젠더 역전 현상'도 나타났다. "새로운 젠더 격차"로 불리는 젠더 역전 현상은 여성이 남성보다 취학률과 학업성취에서 더 앞서는 상황을 지칭한다.

최근에는 '젠더 역전 현상'을 넘어서 '소년 위기(boy crisis)'라는 담론이 등장하였다. 전통적으로 남학생이 여학생보다 취학률과 학업성취에서 평균적으로 높았지만, 점차 이러한 상황이 역전될 뿐만 아니라 이러한 상황하에서 소년들이 정신적으로 사회 현실에 잘 적응하지 못하는 병리적인 상황이 나타났고, 이를 '소년 위기'라고 불렀다(<글상자 1.3> 참조). 그 결과, 미국에서 남학생들의 자살이 여학생들보다 무려 6배 정도 더 많고, 비행과 범죄를 저지르는 남학생들이 증가하면서, 소년 위기는 새로운 현상으로 인식되고 있다. 가부장제 사회에서 오랫동안 유지되었던 남성 우위의 질서가 교육영역에서 약화되면서, 나타나는 새로운 현상이라는 점에서 연구의 대상이 되었다.

글상자 1.3 소년위기(boy crisis)

미국의 심리학자 파렐과 그레이(Warren Farell and John Gray)는 <The Boy Crisis: Why Our Boys Are Struggling and What Can We Do about It>(2018)에서 소년위기는 전 세계에 걸쳐서 소녀들에 비해서 소년들이 읽기, 수학, 과학에서 훨씬 뒤떨어지는 낮은 교육 성취, 주의력 결핍 과잉 행동장애(ADHD)를 겪는 것을 다룬다. 그리고 좋지 않은 정신건강, 소년들의 높은 자살률, 삶의 목적 상실 등을 소년의 위기 내용으로 다루었다.

그림 1.5 남성과 여성 교육격차의 장기 추세, 1896-1980

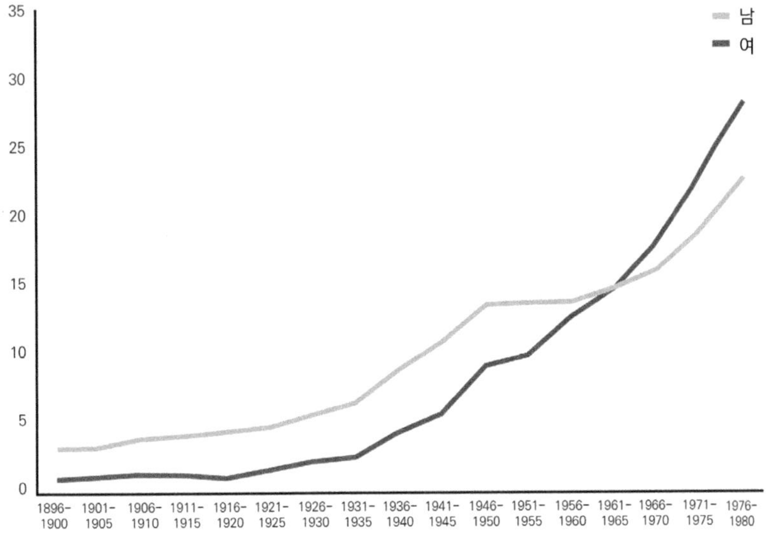

여러 나라에서 남학생이 여학생보다 뒤처지는 상황을 연구해서 보고서를 내고 있다. 예를 들어, 2000년 스웨덴 의회는 미국 사회학자 마이클 킴멜(Michael Kimmel)에게 스웨덴 소년의 위기연구를 의뢰하였고, 그는 "새로운 젠더 격차" 원인의 하나로 이 연구를 수행하였다. 연구 결과는 2010년 *Boys and School: A Background Paper on the "Boy Crisis"*[26]라는 보고서로 발표되었다. 이 보고서에서 스웨덴 대학생의 60%가 여학생이고, 남학생이 고등학교에서 대학으로 진학하는 비율이 37%로 여학생의 47.4%보다 훨씬 낮은 수준을 보이고 있다고 보고하였다. 또한 이 보고서는 고등학교 성적에서도 마찬가지로 대체로 여학생들이 남학생들보다 우수하여, 영어, 국어와 수학에서 격차가 유지되고 있다는 것을 담고 있다.[27]

미국의 시사 주간지 Newsweek도 2016년 7월 18일자에서 "남학생은 여학생보다 학업성취에서 두 배나 더 뒤처져 있다"고 보도했다. 5

세 어린이의 언어발달과 의사소통 기술에서 남아가 여아에 비해서 훨씬 뒤처져 있고, 이것은 평생 동안에 부정적인 영향을 미칠 것이라고 보도했다.[28] 2018년 「*The Boy Crisis: Why Our Boys Are Struggling and What We Can Do About It*」(소년의 위기: 왜 우리의 소년들은 투쟁하고 있고, 우리가 그들을 위해서 무엇을 할 수 있나?)라는 도발적인 제목의 책에서 저자인 파렐과 그레이(Warren Farrell and John Gray)는 오늘날 남학생들이 여러 부문에서 여학생들보다 뒤처졌다는 점을 밝히고, 남학생들의 뒤처짐이 정신적 차원과 건강적인 차원과 관련되어 있다고 지적했다. 1960년대부터 페미니스트이자 양성평등 운동을 벌이고 있는 저자들은 남학생들이 여학생들보다 읽기 능력이 떨어지고, 집중력도 떨어지며, 자살률은 6배나 높고, 자퇴, 마약, 음주, 일탈행위 가능성도 여학생보다 훨씬 높다는 점에서 '소년의 위기'는 단순히 학업만의 문제가 아니라 남학생들의 '정신 건강의 위기'라고 진단하였다.

고등교육도 학위별로 분화되어 있다. 대학 진학이 많아지면서, 동시에 대학원 진학도 계속해서 늘고 있다. [그림 1.6]은 2019년 OECD 회원국을 포함한 여러 나라들에서 남성과 여성의 학사, 석사, 박사 졸업률을 보여준다. OECD 회원국들의 2019년 학사 학위 졸업률을 살펴보면, 일본, 스위스와 독일을 제외한 모든 회원국들에서 여성의 학사 졸업율이 남성을 훨씬 능가하고 있다. 스웨덴에서는 여성 졸업율이 68.7%로 남성 31.3%에 비해서 무려 47.4% 포인트 더 높았고, 미국에서도 여성 57.2%, 남성 42.8%로 여성이 14.4% 포인트 더 높았다. 한국에서는 여성이 50.1%로 남성 49.9%에 비해서 큰 차이는 아니었지만, 한국에서도 여성이 남성에 비해서 더 높은 대학 졸업률을 보였다.

그림 1.6 학사, 석사와 박사의 성별 격차

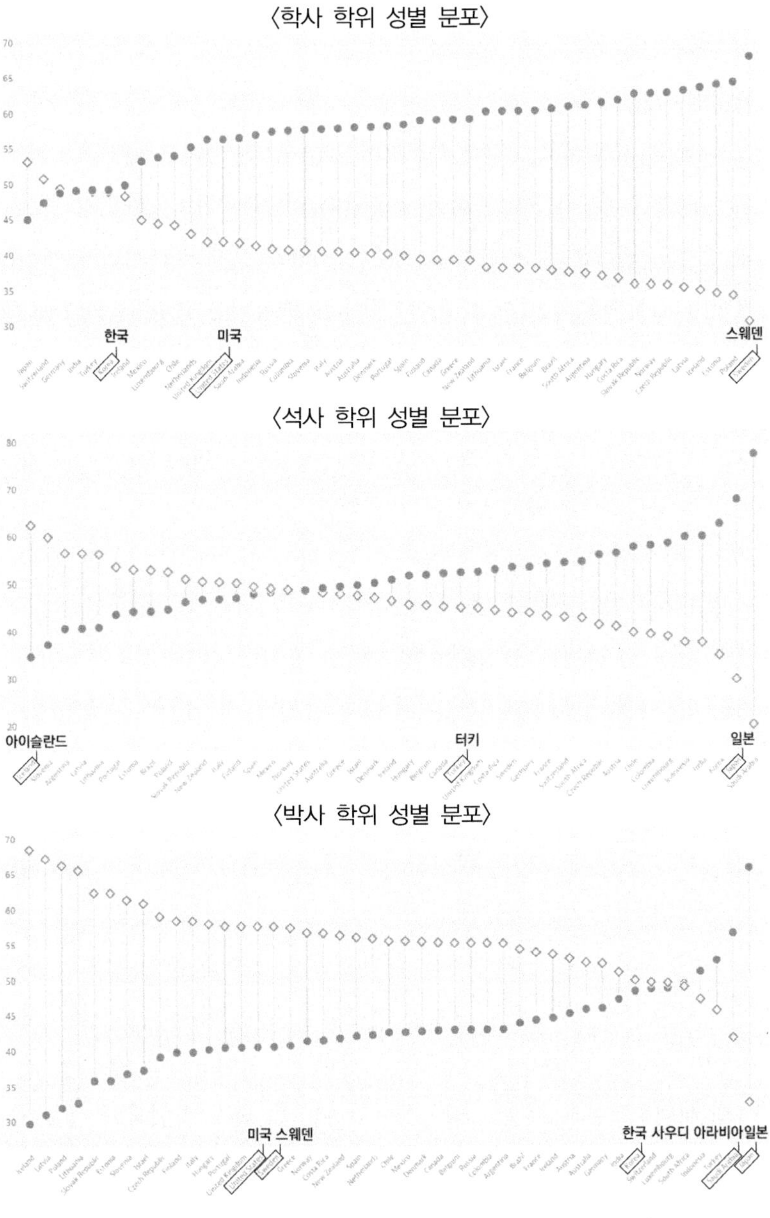

자료: OECD (2019), Tertiary graduation rate (indicator). doi: 10.1787/15c523d3-en (Accessed on 16 June 2019).

그러나 학사보다는 석사 학위자들에서 성별 구성 비율의 차이가 뚜렷했다. 거의 대부분의 OECD 국가들 가운데 여성 석사 학위자의 비율이 남성 석사 학위자의 비율보다 더 높았다. 일본의 경우, 석사 학위자 가운데 남성이 66.6%로 여성 33.4%로 남성이 거의 두 배 정도 더 높아서 성별 격차가 대단히 컸다. 그리고 그 뒤를 이어서 터키에서 남성이 여성보다 더 석사학위 비율이 높았다. 그러나 아이슬란드의 경우처럼, 일본과 정반대의 경우를 보여주는 사례도 있다. 아이슬란드에서는 여성이 압도적으로 남성보다 석사학위를 취득하는 비율이 높았고, 대부분의 유럽 국가들에서 여성 석사학위자 비율이 남성보다 높았다.

그러나 박사학위 비율은 다른 양상을 보여 남성 우위를 보였다. OECD 회원국의 3/5 정도에서 남성이 여성보다 박사 학위 취득자의 비율이 높았다. 스웨덴에서도 박사학위 성비는 남성 54.8%와 여성 45.3%로 남성이 여성보다 더 높았다. 오히려 미국에서는 남성 박사 학위자와 여성 박사 학위자의 비율이 50.1%대 49.9%로 거의 비슷한 수준을 보였다. 한국에서 박사학위 성비는 남성의 63.9%, 여성 36.1%로 거의 2:1 정도에 달했다. 사우디아라비아(78.5% 대 21.5%), 일본(59% 대 31%)에서도 박사 학위자 중에서는 여성보다 남성이 훨씬 더 많았다. 이와는 대조적으로 과거 사회주의 유산이 남아 있는 동유럽 국가들에서는 석사 학위자 성비와 마찬가지로 박사 학위자 중에서 여성의 비율이 남성의 비율보다 높았다.

아직까지도 많은 나라들에서 학위 수준이 높아질수록, 남성의 비율이 여성의 비율보다 높은 추세를 보여주고 있다. 학사 학위자들에서는 여성이 남성보다 많아지는 '젠더 역전현상'이 일어났지만, 동유럽 국가들을 제외하고는 대부분의 국가들에서 여전히 박사 학위자의 비율에서는 남성이 여성보다 더 높은 것이 현실이다. 그럼에도 불구하고 남성 중심의 고등교육 체제에서 대단히 큰 변화가 일어나고 있고, 이러한 변화가 사회 내에서 고등교육의 기능과 역할에 대한 새로운 인식을 낳고 있다는 점은 부인하기 힘들다.

그렇다면, 한국에서 이러한 고등교육의 대중화는 젠더와 어떤 관계를 지니고 있는가? 대학교육의 팽창으로 남성과 여성의 교육기회는 실제로 평등해졌는가? 지난 반세기 동안 한국에서 의무교육의 확대와 더불어 고등교육도 크게 확대되었다. 그리하여 고등학교 졸업생들의 대학 진학률이 80%를 넘어서면서 세계에서 가장 높은 대학 진학률을 보일 정도로 고등교육 기회가 확대되었다. 한국에서 일어난 '고등교육 기회의 확대'는 '교육혁명'이라고 불릴 정도로 단기간에 급격하게 이루어졌다. 한국인들이 교육을 상승이동의 기회로 인식했기 때문에, 고등교육의 확장에 상응하여 대학 진학률도 급격히 증가하였다.

이러한 고등교육의 변화 과정에서 나타난 중요한 변화는 여성들의 대학 진학률이 지속적으로 증가한 것이다. 전통적으로 남성 중심의 가부장제 사회에서 상대적으로 불리한 처지에 놓여있는 여성들이 확대된 교육 기회를 누릴 수 있었다. 또한 서구에서와 마찬가지로 한국의 경제수준이 높아지고, 저출산으로 인하여 자녀수가 줄어들면서, 딸의 교육도 강조되기 시작하였다. 경제 수준이 낮았던 1960년대와 70년대, 강력한 가부장제 가족제도와 많은 자녀수로 인하여 교육에 대한 투자가 아들을 중심으로 이루어졌다. 1990년대 경제수준의 향상이 이루어지고, 자녀수가 적어지면서, 많은 가족에서 아들과 딸 구분 없이 모든 자녀를 대상으로 교육투자가 활발하게 이루어지기 시작했다.

가족 내 남녀 차별적인 교육투자 경향은 약화되었지만, 부모의 소득수준에 따른 가구 간 사교육 투자 격차는 강화되고 있다. [표 1.1]은 2008년과 2018년 학생 1인당 사교육비 추이를 보여주고 있다. 소득이 높을수록 사교육을 받는 비율도 높고, 사교육비 지출 액수도 더 큰 것으로 나타났다. 100만원 미만의 소득계층에서 사교육을 받는 비율은 2008년 34.3%에서 2018년 47.3%로 크게 증가하였으나, 다른 소득계층에 비해서 그 비율은 가장 낮았다. 가구소득 500만 원 이상인 경우

80% 이상이 사교육을 받았으며, 사교육비도 200만원 미만의 가구소득에 비해서 4~5배 높았다.

표 1.1 가구 소득수준별 학생 1인당 월평균 사교육비 및 참여율

구분	학생 1인당 월평균 사교육비(만원, %)			사교육 참여율 (%, %p)		
	2008년	2018년	증감률	2008년	2018	증감차
전체	23.3	29.1		75.1	72.8	−2.3
100만원 미만	5.4	9.9	83.3	34.3	47.3	13.0
100~200 미만	10.8	15.6	44.4	55.3	59.4	−4.1
200~300 미만	17.7	22.2	25.4	73.7	70.7	−3.0
300~400 미만	24.5	27.9	13.5	82.2	75.6	−6.6
400~500 미만	30.6	32.9	7.5	87.2	79.1	−8.1
500~600 미만	35.6	37.3	4.8	89.7	81.1	−8.6
600~700 미만	40.2	42.2	5.0	90.5	83.7	−6.8
700만원 이상	47.4	50.5	6.5	91.8	84.0	−7.8

자료: 통계청, 2009년 및 2018년 초중고 사교육비 조사.

경제성장, 자녀수 감소, 대학의 양적 팽창 등으로 여성들의 대학 진학률이 꾸준히 높아졌다. 그리고 2000년대 들어서서 한국에서도 여성의 대학 진학률이 남성의 대학 진학률을 능가하는 '조용한 혁명'이 일어났다. 과거에는 많은 부모들이 아들 교육을 통해서 사회이동이 가능하다고 믿었다. 또한 딸을 교육시키는 것도 졸업 후 좋은 직장에 다닐 가능성뿐만 아니라 고학력, 전문직 남성을 배우자로 맞을 가능성을 높이는 길이라고 생각했다. 그 결과, 1990년대와 2000년대 대졸 여성의 취업률이 매우 낮은 시기에도, 한국에서 여학생들의 대학 진학률은 계속해서 높아졌다.

이 시기는 과도한 대학 진학에 따른 새로운 청년 세대 담론이 등장한 시기이다. 2000년대 등장한 '88만원 세대' 담론과 2010년대 등장한 '3포 세대' 담론은 모두 취업난으로 인해서 겪게 되는 생애과정의 어려움을 다루는 '청년세대' 담론들이다. 대표적으로 2000년대 등장한 '88만원 세대' 담론은 비정규직 취업으로 인해서 저임금에서 벗어날 수 없는 '청년 세대'를 대상으로 한 담론이었다.29) 2010년대 '3포 세대' 담론은 비정규직 취업과 복지제도의 미비로 '연애, 결혼과 출산' 세 가지를 모두 포기한 세대라는 2010년대 한국 청년의 현실을 그리는 담론이었다. 이러한 담론들은 아직도 남성의 경제적인 역할이 강조되고 있는 한국의 현실에서 가족 부양능력이 없는 남성 청년들의 현실을 그리는 담론들이다.

글상자 1.4 88만원 세대

경제학자 우석훈과 기자 박권일이 2007년에 쓴 책 <88만원 세대: 절망의 시대에 쓴 희망의 경제학>은 20대 청년들 대부분이 비정규직이 될 것이라는 예측하에 한국의 세대 간 불균형을 다루었다. 비정규직 전체의 임금(119만원)에 20대가 기성세대에 비해서 26% 더 낮은 임금을 받기 때문에, 20대 비정규직은 88만원 월 소득을 얻고 있다는 논리에 근거하여, 극단적인 세대 간 불균형이 나타났다는 점을 비판적으로 다루고 있다.

이와 같은 청년세대 담론은 가족배경 → 교육 → 취업 → 결혼으로 이어지는 사회이동 경로가 제대로 작동하고 있지 못함을 보여준다. [표 1.2]에서 알 수 있듯이, 대졸자의 취업률은 크게 하락하였다. 정규직 취업률은 2007년 남성 55.9%, 여성 41.2%로 전문대학에 비해서 10~20% 정도 더 낮았다. 2009년 취업률은 더욱 낮아져서 남성 45.9%, 여성

32.8%에 불과하였다. 그 대신, 비정규직 취업률이 남성의 경우 2007년 12.9%에서 2009년 22.6%로 급증하였고, 여성의 경우도 같은 기간 23.2%에서 32.5%로 증가하였다. 이러한 변화는 한편으로는 대학 진학률이 높아지면서 자연스럽게 나타나는 측면도 있다. 다시 말해서, 대졸자 급격히 늘어나면서, 대졸자 과잉 사회가 되었기 때문이다. 대졸자 급증에 상응하여 대졸자를 필요로 하는 일자리가 증가하지 않으면, 대졸자의 취업은 과거 고졸자들이 취업한 일자리 취업으로 이어질 수밖에 없다. 과거와 동일한 규모의 정규직 모집이 이루어진다고 할지라도, 상당 부분의 대졸자는 정규직 취업이 어렵고, 비정규직 취업으로 귀결된다. 더구나 취업률에서는 큰 변화가 없지만, 노동시장의 정규직 감소와 비정규직 증가에 따른 노동시장 수요 변화로 정규직에서는 취업률이 줄어들고, 비정규직에서는 늘어났다.

표 1.2 학제별 성별 취업률(단위: %)

		연도	취업률	정규직취업률	비정규직취업률	대기업취업률
남	전문대학	2007	85.5	65.9	17.6	10.2
		2008	85.9	65.1	18.1	8.7
		2009	86.9	58.2	26.1	8.5
	대학	연도	취업률	정규직취업률	비정규직취업률	대기업취업률
		2007	70.5	55.9	12.9	18.6
		2008	71.2	54.6	14.9	18.5
		2009	70.2	45.9	22.6	15.1
여	전문대학	연도	취업률	정규직취업률	비정규직취업률	대기업취업률
		2007	84.9	64.4	19.2	7.9
		2008	85.4	64.1	19.9	6.9
		2009	86.3	57.4	27.3	5.6
	대학	연도	취업률	정규직취업률	비정규직취업률	대기업취업률
		2007	65.3	41.2	23.2	10.0
		2008	66.5	41.2	24.5	9.6
		2009	66.1	32.8	32.5	8.0

4. 젠더, 교육과 사회이동

그렇다면, 고등교육 기회의 확대와 여성의 대학 진학률 증가 속에서 교육을 매개로 한 사회이동이 남성과 여성 사이에 동일하게 나타나는가? 가부장제 사회에서 가족의 소득을 책임지고 있는 가장인 남성들에게 교육은 직업 활동과 직접 연계된 과정으로 인식되었다. 남편이 경제력을 책임지고, 여성은 육아와 가사를 책임지는 남성가장가구 모형이 지배적이었기 때문에, 90년대 이전까지 교육은 여성들에게 직업 활동보다는 사회경제적 지위가 높거나 높을 수 있는 배우자와 결혼을 하는 데 유리한 조건으로 간주되기도 하였다. 비슷한 교육수준의 남녀가 결혼을 하는 동질혼(homogamy)의 정도가 상대적으로 높은 한국사회에서 여성의 교육은 결혼을 매개로 한 사회이동의 한 요소로 작용해왔다.

사회이동은 크게 세대 간 사회이동과 세대 내 사회이동으로 구분된다(사회이동에 관한 구체적인 논의는 제1권 참조). 오늘날 세대 간 사회이동은 주로 교육을 매개로 해서 이루어진다. 소수의 부유층의 경우, 재산 상속을 통해서 계급/계층 지위가 세대 간에 계승되기도 하지만, 대부분의 경우, 사회이동은 자녀의 교육을 매개로 해서 이루어진다. 물려줄 유형 자산이 많지 않은 경우, 무형 자산인 교육을 통해서 사회적 지위의 계승을 도모한다. 교육을 받은 후, 취업을 통해서 직업을 얻게 되고, 부모 세대와 같거나 혹은 다른 직업을 갖게 되면서 부모와 자녀 세대 간 사회이동이 이루어진다.

가부장제 사회의 가족 모형은 남성이 경제를 책임지고, 여성은 육아와 가사를 담당하는 성별분업이 지배적인 가족 모형이다. 그러므로 여성의 경제활동참가율이 낮기 때문에, 대부분의 여성의 사회이동은 결혼을 통해서 이루어졌다. 여성의 경제활동은 집안이 가난한 경우에 이루어지는 경우가 많았지만, 중산층 여성들의 경우는 경제활동 참여도가 낮았다. 오랫동안 한국 여성들의 경우에는, 직업을 통한 사회이동

대신에 결혼을 통한 사회이동이 중요한 사회이동 통로로 기능했다. 그러므로 과거에는 여성이 고등교육을 받는 것 자체가 경제활동을 위한 인적 자본의 축적이 아니라 경제적으로 안정된 배우자를 만나기 위한 조건으로 인식되는 경우가 많았다. 여성의 고등교육은 상층 남성 배우자를 만나는 데 유리한 조건으로 작용하였기 때문이다. 그러므로 여성의 경우, 교육은 직접적으로 취업에 영향을 미치기보다는 결혼을 통한 상승이동의 계기가 되는 경우가 많았다.

그러나 이러한 여성의 교육을 통한 상승이동에 대한 욕망도 그다지 오래 된 것은 아니다. 해방 직후의 대학은 입학생이 모자랄 정도로 여학생들에게 인기가 없었다. 당시 대학에 다니는 여성들의 경우에는 결혼 적령기를 놓치게 되기 때문이었다. 대한매일신보에 보도된 대학입시와 관련된 1948년 7월 8일 신문은 다음과 같은 기사 제목을 달고 있다. 결혼 때문에 여성들이 대학에 진학하기를 꺼린다는 내용의 기사였다.

"신제도의 반영은? 한산한 대학입시는 어째서? 대학에 다니면 결혼 적령기 놓친다. 여성교육의 암운"(대한매일신보, 1948년 7월 8일자)

20세기 중반 한국에서 근대적인 교육제도로서 대학은 여학생들이 선호하는 고등교육기관은 아니었다. 대한신보(1942년 4월 3일자)는 조선 여성의 결혼 적령기를 18세로 보도하였다. 당시 결혼 연령이 매우 낮았던 점을 고려하면, 여성들의 대학 진학은 결혼을 고려하지 않은 선택이라는 점에서 부모로부터 허락을 얻기 어려운 선택이었다.

그러나 해방 이후 평균 결혼 연령이 높아지기 시작하면서, 여성들의 대학 진학률도 높아지기 시작했다. 여성 평균 결혼 연령은 1940년 21.7세, 1950년 21.5세, 1960년 21.6세였다. 여성들의 평균 결혼 연령이 1981년 23세에서 1993년 25세로 더욱 높아졌고, 2002년 27세에 달하였다(통계청, 2003). 이러한 추이는 여성들의 대학 진학률 증가와 관련되어 있고, 대학 교육의 기능이 결혼 준비 과정에서 취업 준비 과정으로 바뀌게 된 것과도 관련을 맺고 있다. 점차 고등교육이 여성들의 취업과 관련하여 인식되기 시작한 것은 1997년 외환위기 이후였다. 2000년 여성의 경제활동참가율은 48.8%이었고, 2018년 4% 정도 늘어서 52.8%에 달하였다. 비농가 여성의 경제활동참가율만 보면, 2000년 46.7%에서 2018년 52.1%로 5.3% 포인트 증가하였다.

고등교육을 받은 여성들이 증가하고, 이들이 경제활동에 참여하면서, 여성의 사회이동은 전통적인 결혼을 통한 사회이동과 본인의 직업 활동을 통한 사회이동 두 가지 경로로 나타나기 시작했다. [그림 1.7]은 가부장제 사회에서 교육을 매개로 한 사회이동의 패턴이 남성과 여성 간에 다름을 보여주는 사회이동 경로이다. 사회이동 A는 사회학의 사회이동 분석에서 사용된 표준적인 사회이동(Origin－Education－Destination, OED) 모형이다. 사회이동 C는 미혼이나 기혼으로 여성만이 경제활동을 하는 경우의 여성의 사회이동 모형이다. 여기에 추가하여 여성의 사회이동은 결혼을 통해서 배우자의 직업지위와 사회경제적 지

그림 1.7 가부장제 사회에서 남성과 여성 사회이동 유형

남성의 사회이동

		교육	노동시장	가구구성
A	가족배경 ⟶	교육 ⟶	직업 ⟶	외벌이 남성 가구
B	가족배경 ⟶	교육 ⟶	직업 ⟶	맞벌이 가구

여성의 사회이동

C	가족배경 ⟶	교육 ⟶	직업 ⟶	외벌이 여성 가구
D	가족배경 ⟶	교육 ⟶	결혼 ⟶	남성 외벌이+여성 전업주부
E	가족배경 ⟶	교육 ⟶	직업 ⟶	맞벌이 가구

위를 공유하게 되는 유형(사회이동 D와 사회이동 E)을 포함하고 있다. 특히 사회이동 D는 여성의 사회경제적 지위가 전적으로 남편의 직업에 의존한다는 점에서 전통적인 가부장제 사회에서 나타나는 교육과 결혼을 매개로 하여 이루어지는 여성의 사회이동을 보여주고 있다. 사회이동 D와 사회이동 E는 표준적인 사회이동 모형인 OED와 비교하여 OEMD(Origin－Education－Marriage－Destination) 모형이라고 부를 수 있을 것이다.

[그림 1.8]은 남편 직업별 부인의 고등교육 이수 추이를 보여준다. 이것은 남편의 직업에 따라서 부인의 교육수준이 현저하게 달라지는 것을 보여준다. 남편의 직업이 관리직과 전문직인 경우, 배우자인 부인들의 70% 이상이 고등교육을 받은 반면, 판매직과 서비스직에서는 20%~35% 정도에 불과하였다. 그리고 남편의 직업이 농림어업인 경우, 부인의 고등교육 이수 비율은 더욱 낮아서 10% 미만에 불과하였다. 이러한 점은 여성의 경우, 교육을 통해서 보수가 높고, 사회경제적 지위가 높은 배우자를 만날 수 있는 가능성이 높았다는 것을 보여준다. 반면, 남성의 경우, 자신과 같은 수준이거나 자신의 교육수준보다 낮은 수준의 교육을 받은 여성을 배우자를 만날 수 있다는 점에서 남성

그림 1.8 **학제별 성별 취업률 추이**

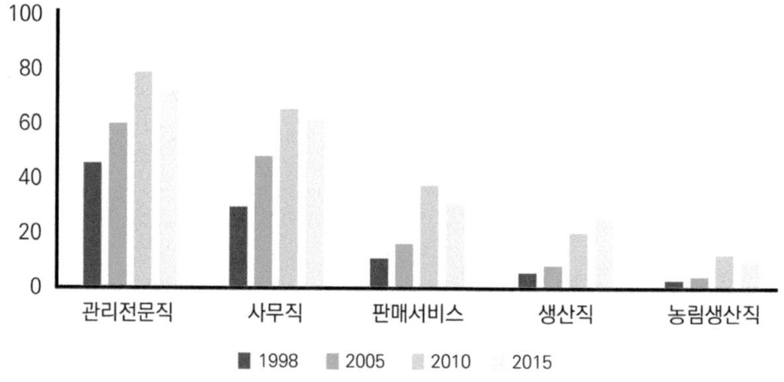

의 경우도 고등교육은 만날 수 있는 배우자의 최고 교육수준에 영향을 미친다. 그러나 역으로 가부장제 사회에서 남성의 사회경제적 지위가 여성의 사회경제적 지위에 의해서 영향을 받는 정도는 매우 적었다.

5. 맺음말

지난 30여 년 동안 한국의 교육제도는 급격하게 변화했다. 고등교육기관의 양적 팽창이 이루어지면서, 청소년들이 고등교육을 받을 기회도 크게 확대되었다. 그리하여 한국의 고등학교 졸업자들의 대학 진학률이 지속적으로 높아졌고, 2000년대 들어서 한국의 대학진학률이 세계 최고 수준에 이르렀다. 1980년 초 10%대에 머물던 대학 진학률은 30년 후인 2010년대 중반에 80%대까지 높아졌다. 최근 약간 줄어들기는 했어도, 여전히 한국의 대학진학률은 70%대를 보여주고 있어서, 아직도 세계 최고 수준을 유지하고 있다.

이러한 변화와 더불어 나타난 새로운 변화는 여성의 대학 진학률이 남성의 대학 진학률을 앞지르기 시작한 것이다. 교육이 개인의 능력을 평가하는 중요한 지표로 인식하는 한국사회에서 여성이 남성보다 더 높은 대학 진학률을 보인 것은 새로운 사회변화를 반영한다. 전통적으로 교육은 경제활동을 하는 남성의 몫이고, 교육을 받은 남성들이 결혼하여 가족의 생계를 책임지는 남성 가장가구 모형이 한국의 전통적인 가족 모형이었다. 그러므로 남성을 중심으로 하는 가부장제 사회에 불어 닥친 이러한 변화는 매우 놀라운 변화였다. 이러한 변화는 미처 인지하지 못한 사이에 이러한 변화라는 점에서 '조용한 혁명'이라고 불릴 수 있다. 그러나 이러한 변화는 향후 한국사회의 여러 부문에서 연쇄적인 변화를 촉발시킬 수 있는 변화라는 점에서 대단히 혁명적인 변화이며, 현재 진행형의 변화이다.

현재 진행되고 있는 교육의 변화는 세대 간 사회이동과 관련하여 어떤 효과를 낳고 있는가? 다시 말하면, 이처럼 '조용한 혁명'은 사회이동

체제에 어떤 변화를 낳고 있는가? 아직도 여성들의 취업에 있어서 차별이 존재하고, 성적 직무분리에 의한 여성 직종과 남성 직종이 분리되고 있고, 출산과 육아로 인하여 여성들의 경력단절이 지속되고 있다. 아직도 한국 여성의 경제활동 참가율은 대학 졸업 후 높은 경제활동참가율을 보이다가 결혼이나 출산 시 경제활동이 중단되고, 자녀가 어느 정도 성장한 이후 다시 경제활동에 참가한다. 그리하여 M자형 경제활동참가율 곡선을 보여주고 있다. 그러므로 한국 사회에서 조용한 교육혁명은 아직까지는 노동시장의 혁명으로 이어지지는 못하고 있다.

대학교육의 확대로 인하여, 대학 졸업자의 프리미엄은 크게 약화되었지만, 젠더에 따라서 그 효과는 다르게 나타났다. 특히 대졸 남성이 독점하였던, 관리직과 전문직에서 그 비율은 크게 줄어들었다. 대학교육이 확대되면서 가족 배경의 효과도 약화되었다. 남성의 경우, 아버지의 학력은 대졸 남성의 관리직과 전문직 진출에 별다른 차이를 만들지 않는 것으로 나타났다. 그러나 여성에게는 가족배경이 아직도 큰 영향을 미치고 있다. 대졸 여성들 가운데 아버지 학력이 높을수록, 관리직과 전문직에 종사하는 비율이 더 높은 것으로 나타났다.

여성에게 교육은 결혼과 관련하여 또 다른 사회적 의미를 지닌다. 여성의 경제활동참여가 제한적인 사회에서 여성들의 고등교육은 사회경제적 지위가 높은 배우자를 만날 수 있는 조건으로 작용하기 때문이다. 한국과 같이 동질혼의 비중이 높은 사회에서 고등교육을 받은 여성들의 경우, 자신들과 비슷하거나 혹은 자신의 학력보다 높은 수준의 교육을 받은 배우자를 만날 가능성을 높인다. 가부장제 사회에서 남성들의 경우, 자신의 교육수준과 비슷하거나 낮은 배우자를 선택하며(강혼), 여성들의 경우는 자신보다 같거나 높은 교육수준의 배우자를 택(승혼)하게 된다. 그러므로 여성의 경우, 고등교육은 상대적으로 사회경제적 지위가 높거나 앞으로 높아질 수 있는 조건을 갖춘 배우자를 만나게 될 가능성을 높인다. 결과적으로 교육은 한국의 여성들에게 직접 노동시장에 진출하여 경제활동을 하는 것 이외에 결혼을 통한 상승 이동의 가능성과 관련되어 있다. 즉, 교육은 사회이동과 관련하여 남성과 여성에게 다른 의미를 지니고 있다고 볼 수 있다.

대졸 여성은 고졸이나 중졸 여성에 비해서 관리직과 사무직 남편을 배우자로 맞을 가능성이 훨씬 높다. 직접 경제활동에 참여하지 않더라도, 고소득을 올리는 남성을 배우자로 맞을 가능성이 높다는 것은 여성에게 교육이 결혼과 관련하여 의미 있다는 것을 뜻한다. 그러나 대졸 여성이 관리직이나 사무직에 종사하는 배우자를 맞을 가능성은 점차 약화되고 있는 것으로 나타났다. 이것은 대졸자수와 대졸자의 비율이 지속적으로 증가하면서 나타난 추세라고 볼 수 있다. 대졸자의 지속적인 증가가 대학졸업자의 상대적 희소성을 약화시키는 결과를 가져와, 결혼에서도 대졸자 프리미엄이 지속적으로 약화되고 있다고 볼 수 있다.

CHAPTER

02

젠더 교육격차:
조용한 혁명의 실체

CHAPTER 02

젠더 교육격차: 조용한 혁명의 실체

CHAPTER 02

젠더 교육격차: 조용한 혁명의 실체

1. 교육기회의 확대와 젠더

1) 조용한 혁명

교육제도는 근대 이전의 전통적인 신분사회의 틀에서 벗어나는데 기여한 핵심적인 제도이다. 중세 신분사회에서 개인의 사회적 지위는 태어날 때부터 결정되었다는 점에서 개인의 지위는 귀속적 지위였다. 오늘날 개인의 사회적 지위는 신분이 아니라 개인의 능력과 노력으로 성취할 수 있는 지위라는 점에서 성취적 지위로 불린다. 그리고 가족 배경이나 신분과는 무관하게 개인의 능력과 노력에 근거하여 사회경제적 보상이 주어지는 사회원리가 지배적인 사회원리가 되면서, 능력주의(meritocracy)가 새로운 이데올로기로 대두되었다. 능력주의는 사회 불평등이 개인의 능력의 차이에 따른 것이라고 인식하게 한다. 그리고 개인의 능력과 노력은 주로 교육과 관련이 있는 것으로 받아들여지면서, 교육은 능력주의 논의에서 가장 핵심적인 요소로 간주되고 있다.

글상자 2.1 능력주의(meritocracy)

능력주의는 출신배경보다 개인의 능력, 노력과 역량에 기초하여 경제적인 재화와 정치권력이 분배되는 원리를 의미한다. 능력주의는 영국의 사회학자이자 영국의 '개방대학(Open University)'을 창립한 마이클 영(Michael Young)이 1958년 『능력주의의 출현(The Rise of Meritocracy)』에서 최초로 사용한 용어이다. 영은 권력과 특권이 가족 배경이 아니라 개인의 능력에 의해서 주어지는 것을 능력주의라고 불렀다. 구체적으로 능력주의는 능력 이외의 계급, 젠더, 인종, 신체적 능력 등이 교육에 영향을 미치지 않고, 교육을 통해서 함양된 능력이 취업과 보상에 영향을 미치는 사회원리를 가리킨다. 이것은 시험이나 성과평가를 통해서 개인의 능력이나 노력에 대한 보상과 승진이 이루어지는 체계로서 근대 사회의 기본 원리로 간주된다. 마이클 영은 IQ와 노력으로 만들어진 능력에 의해서 "새로운 계급"이 만들어질 것이며, 신분에 기초한 귀족주의, 돈에 바탕을 둔 금권주의를 대체하면서 등장한 능력주의가 민주주의를 위협하고 있다고 보았다. 마이클 영은 능력이 지배를 정당화하고 있다고 비판한다.

19세기 초 프랑스 나폴레옹에 의해서 도입된 근대적인 공교육을 계기로 교회와 종교가 담당했던 교육으로부터 국민국가(nation state)가 담당하는 교육으로의 전환에서 시작되었다. 공교육은 카톨릭 신자가 아니라 근대 국민국가의 국민을 육성하기 위해 시작되었지만, 점차 전 세계 여러 나라로 확대되어 보편적인 근대 교육제도로 자리 잡았다. 그리고 20세기 들어서 중등교육과 고등교육이 발전하면서, 교육은 근대사회의 핵심적인 제도로 자리 잡았다. 그리고 많은 북반구 사회들은 국민의 대부분이 인생의 상당 부분을 교육을 받는 데 소비하는 '대중교육 사회'가 되었다.

그러나 19세기 말까지 대부분의 어린이들은 교육 대신에 노동을 했기 때문에 초등교육조차 받지 못했다. 1833년 '공장법(Factory Act)'과 1984년 '광산법(Mines Act)'이 도입되어 영국에서 공장과 광산에서 9세 미만의 아동노동이 금지되기 이전까지 많은 빈곤 아동들은 교육을 받는 것이 아니라 노동을 해야 했다. 1880년 초등교육법(Elementary Education Act)이 도입되어 5-10세 아동이 의무교육을 받기 이전까지 초등교육조차 대중교육이 아니었다. 초등교육법은 교육을 마치지 않은 13세 이하의 아동을 고용하는 것을 법으로 금지시켰다. 그런 점에서 근대 사회의 등장은 노동과 교육을 둘러싸고 가족과 사회의 역할이 바뀌는 큰 변화를 동반하였다.[1)] 더 이상 가족이 어린 자녀를 노동력으로 이용하지 못하게 되었고, 의무교육 기간 동안 아동은 노동에서 면제되었다.

오늘날 교육은 개인이나 가족적인 차원에서 취업이나 경제활동과 연계되어 더 큰 의미를 지닌다. 더구나 교육은 국가적인 차원에서 경제개발계획과 맞물려 산업인력을 공급하는 거시적인 정책수단으로 인식되어 한국의 교육정책은 산업화 정책의 중요한 부분으로 기능하기도 하였다(김영화, 2015). 교육을 통한 인력 수급 계획은 산업화 과정에서 대단히 중요한 정책 영역이었고, 실업계 고등학교를 통한 제조업 노동인력과 대학 교육을 받은 전문 인력의 공급이 경제개발계획에서 핵심적인 부분을 차지하였다. 생산의 3대 투입 요소인 자본, 기술, 노동에서 노동의 질은 교육에 의해서 결정된다고 보았기 때문이다.

제1장에서 살펴본 바와 같이, 교육에 대한 이해는 학문 영역에 따라 다를 뿐만 아니라, 나라별로도 큰 차이를 보이고 있다. 교육을 복지의 일환으로 보는 유럽 대륙이나 북유럽의 경우, 교육은 보편적 복지의 일부로 보고 있기 때문에, 초등교육부터 대학교육까지 무상 교육이 이루어진다. 그러므로 고등교육은 가족의 경제적인 자원보다는 문화적인 요소에 의해서 더 크게 영향을 받는다. 가족생활에서 형성되는 문화적인 요소가 학생 개개인의 미래 선택과 더 관련을 맺는다. 반면, 영미권과 같이 교육을 미래 수익을 위한 인적자본(human capital) 투자로 보는

경우, 교육에 대한 투자는 개인과 가족이 경제적 자원과 미래의 수익을 고려해서 결정한다. 그러므로 고등교육을 받는 것은 미래의 높은 수익을 얻기 위한 투자로서 개개인이나 가족이 지불해야 할 비용으로 인식한다. 그러므로 고등교육은 대체로 사립학교 중심으로 구축되어 있다.

한국에서 국가는 교육을 산업화에 필요한 인력을 공급하는 차원에서 고려하였지만, 개별 가족은 자녀 교육을 계층 상승이동의 수단이라고 보았다. 교육 이외에 별다른 사회이동 수단이 없는 상태에서 교육은 유일하고 또한 효율적인 상승이동의 채널로 간주되었다. 경제 성장기에 기업은 대규모 신규 인력을 필요로 했기 때문에, 많은 사람들이 교육을 받고 기업에서 안정된 일자리를 얻는 것이 확실하게 중산층이 될 수 있는 '성공의 지름길'이라고 생각했다. 즉, 대학 진학은 '성공'에 이르는 길로 인식되었기 때문에, 대학 진학을 둘러싼 경쟁이 치열하게 이루어졌다. 대학 진학 자체가 경제적인 능력과 학업능력을 동시에 요구하는 것이었기 때문에, 경제적인 능력이 없거나 혹은 학업능력이 떨어지는 경우에는 대학 진학이 불가능했다. 1970년대까지 대학 수가 적어서 대학 입학생 수도 절대적으로 적었고, 경제적으로 대학교육에 필요한 비용을 지불할 수 있는 가구도 많지 않았다. 그래서 농가에서 소를 팔아서 자식 대학 등록금을 내고 다니는 곳이라는 풍자적인 의미로 대학을 "우골탑"이라고 부르기도 하였다.

1980년대 들어서 경제성장이 지속되면서, 1만 불 소득이 이루어지고 또한 대학의 양적 팽창도 이루어지면서, 대학취학률이 크게 높아졌다. 그리하여 고등교육 졸업자의 대학 취학률은 1985년 22.6%에서 1995년 35.9%로 높아졌고, 2005년에는 61.8%로 지속적으로 높아졌다. 고졸자의 대학 진학률만을 고려하면, 한국은 2008년에는 전체 고등학교 졸업자의 84.0%가 대학에 진학하는 세계 최고의 대학진학률을 보여주었다. 즉, 고등교육의 대중화가 이루어졌다.

이러한 변화 속에서 교육을 받는 학생들의 구성도 인구의 변화와 가족관계의 변화를 포함한 사회변동과 맞물려, 기대하지 않은 변화를 만들어 내고 있다. 그러한 변화 가운데 하나가 여성들의 고등교육 진출이 급격히 늘어난 것이다. 오늘날 대부분의 선진국에서 여성의 고등교육 이수율은 남성의 고등교육 이수율보다 높아졌다. 사회영역에서 배제되었던 여성의 진출이 교육 영역에서 먼저 일어났고, 이후 노동시장과 정치 영역으로 이어졌다. [표 2.1]은 2007년과 2017년 OECD를 포함한 여러 나라들에서 나타난 25−34세 청년들의 성별 교육 성취를 보여준다. 거의 모든 OECD 회원국들에서 2007년부터 2017년 사이에 남녀 모두 교육 성취률이 높아졌다. 이것은 전반적으로 거의 모든 회원국들에서 남녀를 불문하고 청년들에게 교육기회가 확대되었다는 것을 의미한다. OECD 회원국 25−34세 청년들의 고등교육 이수율은 2007년 남성 30%와 여성 38%이었고, 2017년에는 남성 38%와 여성 50%로 각각 8%포인트와 12%포인트 증가를 보여준다. 이것은 또한 여성이 이미 남성보다 더 적극적으로 고등교육 기회를 이용하고 있을 뿐만 아니라 계속해서 그러한 추세가 강화되어, 남성과 여성의 고등교육 성취격차가 더 벌어지고 있다는 점도 보여준다.

사회적으로 고졸자들에게 제한적으로 허용된 대학 진학의 기회는 계급뿐만 아니라 젠더에 따라서도 뚜렷한 차이를 보였다. 남성 중심 사회에서 당연히 기대되는 것처럼, 최근에 와서 큰 변화를 보였지만, 2008년까지도 남자 고등학교 졸업생들의 대학 취학률이 여고 졸업생들에 비해서 압도적으로 높았다. 전반적으로 대학 취학률이 낮았던 1970년 남자 고등학생들의 대학 취학률도 10.5%에 불과하였다. 그에 비해서, 여학생의 대학 취학률은 더 낮아서 3.6%에 불과하였다. 1980년에 이르러서도 그 격차는 줄어들지 않았고, 오히려 확대되어 남자 고등학생 대학 진학률은 16.8%이었던 반면, 여학생 대학 진학률은 여전히 5.6%로 낮은 수준이었다(통계청, 1995: 435). 전반적으로 대학 진학률이 높지 않았던 시절에도, 여학생의 대학진학률은 남학생보다 훨씬 낮았다.

표 2.1 25-34세의 교육 성취 추세(2007년과 2017년)

		Below upper secondary						Upper secondary or post-secondary non-tertiary						Tertiary					
		Men		Women		Total		Men		Women		Total		Men		Women		Total	
		2007	2017	2007	2017	2007	2017	2007	2017	2007	2017	2007	2017	2007	2017	2007	2017	2007	2017
		(1)	(2)	(3)	(4)	(5)	(6)	(7)	(8)	(9)	(10)	(11)	(12)	(13)	(14)	(15)	(16)	(17)	(18)
OECD	Australia	20[b]	12	17[b]	9	19[b]	11	45[b]	43	36[b]	32	41[b]	37	35[b]	45	46[b]	59	41[b]	52
	Austria	11	12	16	11	14	11	59	52	52	45	55	48	30	36	32	44	31	40
	Belgium	20[b]	18	17[b]	15	18[b]	17	45[b]	42	36[b]	33	40[b]	38	36[b]	40	47[b]	51	41[b]	46
	Canada	10	8	7	5	9	7	42	40	30	26	36	33	48	52	63	70	56	61
	Chile[1]	m	17	m	16	m	17	m	55	m	52	m	53	m	28	m	31	m	30
	Czech Republic	5[b]	6	6[b]	6	6[b]	6	81[b]	67	77[b]	53	79[b]	60	14[b]	27	17[b]	40	15[b]	34
	Denmark	21[b]	21	18[b]	13	19[b]	17	47[b]	41	42[b]	32	44[b]	37	32[b]	38	40[b]	55	36[b]	47
	Estonia	18	16	10	9	14	13	56	50	47	38	52	44	26	34	43	53	34	43
	Finland	12	11	8	8	10	10	57	55	44	42	51	49	31	33	48	50	39	41
	France	18	15	16	13	17	14	45	45	38	38	41	42	37	39	46	49	41	44
	Germany	14[b]	14	16[b]	13	15[b]	13	64[b]	56	61[b]	55	62[b]	56	22[b]	30	23[b]	32	23[b]	31
	Greece	29[b]	17	19[b]	12	24[b]	14	45[b]	48	50[b]	38	47[b]	43	25[b]	35	31[b]	50	28[b]	42
	Hungary	15	14	15	14	15	14	67	62	59	50	63	56	18	25	26	36	22	30
	Iceland	31	24	28	15	29	19	40	37	35	29	38	33	29	39	37	57	33	47
	Ireland	19[b]	10	13[b]	6	16[b]	8	43[b]	41	36[b]	36	40[b]	38	38[b]	49	51[b]	58	44[b]	53
	Israel	17[b]	9	12[b]	6	15[b]	8	48[b]	53	40[b]	36	44[b]	44	35[b]	38	48[b]	58	42[b]	48
	Italy	36[b]	29	28[b]	22	32[b]	25	30[b]	51	49[b]	45	49[b]	48	15[b]	20	23[b]	33	19[b]	27
	Japan[2]	m	m	m	m	m	m	m	m	m	m	m	m	50[d,b]	59[d]	58[d,b]	62[d]	54[d,b]	60[d]
	Korea	3[b]	2	2[b]	2	3[b]	2	43[b]	33	40[b]	23	42[b]	28	53[b]	65	58[b]	75	55[b]	70
	Latvia	25	19	14	10	20	15	55	51	54	36	55	44	19	30	32	54	26	42
	Luxembourg	24[b]	14	22[b]	12	23[b]	13	44[b]	39	39[b]	33	41[b]	36	32[b]	47	40[b]	55	36[b]	51
	Mexico	65	52	66	52	65	52	19	25	18	26	18	26	17	23	16	23	16	23
	Netherlands	19[b]	16	16[b]	11	17[b]	13	47[b]	43	45[b]	38	46[b]	40	34[b]	42	39[b]	51	37[b]	47
	New Zealand	23	16	18	14	21	15	m	44	m	38	m	41	m	40	m	48	m	44
	Norway	19	21	14	17	17	19	46	37	35	28	40	32	35	42	51	55	43	48
	Poland	9[b]	7	7[b]	4	8[b]	5	67[b]	59	57[b]	42	62[b]	51	24[b]	34	36[b]	54	30[b]	44
	Portugal	63	38	48	23	56	30	22	37	24	34	23	36	15	26	28	42	21	34
	Slovak Republic	6[b]	8	6[b]	9	6[b]	9	79[b]	64	74[b]	48	77[b]	56	15[b]	27	20[b]	43	17[b]	35
	Slovenia	9[b]	7	6[b]	4	8[b]	6	71[b]	60	53[b]	40	62[b]	50	20[b]	33	40[b]	56	30[b]	45
	Spain	40	39	29	28	35	34	25	24	25	23	25	24	35	36	45	49	40	43
	Sweden	10[b]	19	8[b]	15	9[b]	17	56[b]	41	46[b]	30	51[b]	36	34[b]	40	46[b]	55	40[b]	47
	Switzerland	9[b]	8	12[b]	8	10[b]	8	52[b]	42	57[b]	41	55[b]	42	39[b]	49	31[b]	51	35[b]	50
	Turkey	55[b]	42	67[b]	47	61[b]	44	30[b]	27	20[b]	21	25[b]	24	16[b]	31	13[b]	32	14[b]	32
	United Kingdom[3]	19[b]	13	21[b]	12	20[b]	12	38[b]	38	36[b]	34	37[b]	36	43[b]	50	43[b]	54	43[b]	52
	United States	15	9	11	7	13	8	49	48	44	41	47	44	36	43	45	52	40	48
	OECD average	22	17	19	14	20	15	49	46	44	37	47	41	30	38	38	50	34	44
	EU22 average	20	16	16	12	18	14	53	48	47	39	50	44	27	35	36	48	32	42
Partners	Argentina	m	34	m	25	m	30	m	51	m	53	m	52	m	15	m	22	m	18
	Brazil[1]	57	41	49	32	53	36	35	45	39	49	37	47	8	14	12	20	10	17
	China[4]	m	63	m	66	m	64	m	19	m	16	m	18	m	18	m	18	m	18
	Colombia	m	33	m	27	m	30	m	42	m	42	m	42	m	24	m	32	m	28
	Costa Rica	62	54	56	45	59	50	15	22	16	23	16	22	23	24	28	32	25	28
	India[5]	m	58	m	70	m	64	m	26	m	18	m	22	m	16	m	12	m	14
	Indonesia	64[b]	48	67[b]	51	66[b]	50	29[b]	37	24[b]	31	26[b]	34	8[b]	14	9[b]	18	8[b]	16
	Lithuania	17[b]	9	12[b]	5	14[b]	7	50[b]	44	43[b]	30	47[b]	37	33[b]	46	45[b]	66	39[b]	56
	Russian Federation[6]	m	7	m	5	m	6	m	42	m	31	m	36	m	50	m	65	m	58
	Saudi Arabia[7]	m	32	m	29	m	31	m	46	m	40	m	43	m	22	m	31	m	26
	South Africa	m	21	m	15	m	18	m	73	m	78	m	76	m	5	m	7	m	6
	G20 average	m	28	m	26	m	27	m	41	m	36	m	39	m	32	m	39	m	35

자료: OECD(2018), 2018 Education at a Glance, p. 55.

[표 2.2]는 1985년부터 2018년까지 대학생 중 여학생의 비율과 고등학교에서 대학으로 진학하는 남녀 대학진학률을 보여준다. 여기서 두 가지 점이 두드러진다. 첫째로 전체 대학생 중 여학생의 비중은 지속적으로 높아져서 2018년 전체 고등교육을 받고 있는 학생 중 44.1%에 이르렀다. 아직까지 과반을 넘지는 못하고 있으나, 고등학교에서 대학

으로 진학하는 비율에서는 2009년부터 여학생이 남학생을 앞지르기 시작했다. 그 이후 대학 진학률 격차는 더 커져서 2017년 여학생이 남학생보다 무려 7.4% 포인트 더 높았다. 2010년대에 들어서 한국에서는 여학생이 남학생보다 고등교육을 더 적극적으로 활용하고자 하는 추세가 나타난 것이다. 이것은 서구보다는 시기적으로 늦게 나타난 현상이지만, 서구와 동일한 추세를 보여주고 있다는 점에서, 향후 한국 여학생들의 교육 성취에서도 서구와 유사한 추세를 곧 보일 것으로 기대된다.

[표 2.2]에서 나타난 변화는 1990년대 들어서 남학생과 여학생 모두에서 대학진학률이 급격하게 증가한 것이다. 대학진학률은 1990년대 50%대에서 2000년대 80%대로 증가하였다. 그러나 동시에 2000년대

표 2.2 고등교육기관 여학생 비율 추이(1965-2018)

년도	여학생 비율	고교→대학 진학률(여)	고교→대학 진학률(남)
1965	22.5	34.3	31.4
1970	22.3	28.6	26.0
1975	26.1	24.9	26.4
1980	22.5	22.5	24.5
1985	26.8	32.6	38.3
1990	28.5	32.4	33.9
1995	31.9	49.8	52.8
2000	35.8	65.8	70.4
2005	36.3	80.8	83.3
2010	41.8	80.5	77.6
2015	42.9	74.6	67.3
2018	44.1	72.7*	65.3*

자료: 한국교육개발원(2015), 한국교육60년 통계적 분석, p. 45 및 여성정책연구원(2018), 2017년 성인지 통계 p. 184.
*는 2017년 자료임.

들어서 대학 진학률이 정점에 도달한 후, 점차 정체를 보이다가 감소 추세를 보이고 있다. 이러한 변화는 대학 체제의 변화와 관계가 깊다. 1995년 김영삼 정부에서 대학설립과 관련하여 규제를 완화시키는 <대학설립준칙주의>가 도입되었다. 대학 설립이 자유로워지고, 서울 이외의 지역에서는 대학의 정원 증가도 용이하게 이루어질 수 있었다. 그 결과, 1990년 265개 고등교육기관 수가 2010년에는 무려 372개로 28.8% 증가에 불과하였지만, 같은 기간 고등교육기관에 진학한 학생 수는 무려 103.4% 증가하였다(교육개발원 2017: 25).

글상자 2.2 대학설립준칙주의

1995년 5.31 교육개혁방안의 하나로 김영삼 정부의 대통령 자문 교육개혁위원회가 제안한 대학설립준칙주의는 대학 설립 최소 기준으로 4대 기준(교지, 교원, 수익용 기본 재산, 교원확보)을 충족시키는 경우, 자유롭게 대학을 설립할 수 있게 하는 것이었다. 이것은 대학설립에 있어서 정부의 인가를 조건으로 하는 기존의 '인가주의'를 대체하는 것으로 대학설립을 자유롭게 할 수 있도록 하는 교육 규제완화의 일환으로 도입되었다. 대학설립준칙주의는 대학설립을 자유롭게 하면, 많은 대학들이 학생을 유치하기 위하여 경쟁하게 될 것이고, 학생들은 교육 서비스의 질을 보고 대학을 선택할 것이기 때문에, 대학의 수준도 높아질 것이라는 교육경쟁 논리에 바탕을 두고 있다. 대학설립준칙주의의 결과로 대학과 대학생의 양적 팽창이 이루어져서 4년제 대학 수가 1995년 131개에서 2019년 191개로 늘었고, 대학생 수도 1995년 118.7만 명에서 2014년 213만 명으로 늘었다.

2000년대 일어난 '젠더 역전 현상'을 좀 더 구체적으로 살펴보자. 이러한 변화는 2005년 전문대학 진학률에서 시작하여, 그 다음 2010년

대학 진학률로 이어진 것을 확인할 수 있다. 2005년 여학생 전문대학 진학률이 전 해의 21.5%에서 23.6%로 크게 늘었지만, 남학생의 경우는 22.9%에서 22.8%로 오히려 약간 줄어들면서, 젠더 역전 현상이 나타났다. 그리고 그 이후 2016년에는 여학생 24.5%, 남학생 21.5%로 그 격차가 더 커졌다. 4년제 대학의 경우, 여학생 대학 진학률은 2009년 55.1%에서 2010년 53.8%로 낮아졌지만, 남학생 대학 진학률이 2009년 55.8%에서 2010년 53.4%로 더 크게 낮아지면서 여학생의 대학 진학률이 남학생을 앞서는 젠더 역전 현상이 나타났다. 그리고 이후 그 격차는 더욱 확대되어 2016년에는 4.4% 포인트의 차이를 보였다.

1970년대와 80년대 여성의 고등교육 진학률이 남성에 비해서 높았던 이유는 여학생 절대 수가 남학생 절대 수에 비해서 작았기 때문에 나타난 현상이라면, 90년대와 2000년대 나타난 현상은 고등학생 수에서 남성과 여성의 차이가 거의 사라진 시기였다는 점에서 차이가 있다. 1970년 고등학교 취학률은 남성의 경우 34.2%, 여성의 경우 21.6%로

그림 2.1 성별, 학력별 경제활동참가율 추이(35-44세)

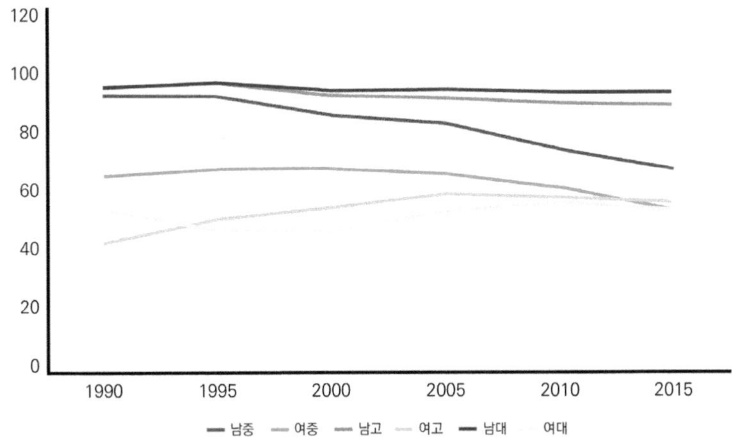

자료: 경제활동인구조사(1990−2015).

큰 차이를 보였다. 이러한 차이는 1980년 남성 70.4%, 여성 56.2%로 더 벌어졌다. 남성과 여성의 고등학교 취학률은 90년 초에 들어서야 거의 비슷한 수준을 보여서, 1993년에는 남성 90.9%, 여성 89.1%였다.

한국의 교육영역에서 이루어진 젠더 격차의 해소는 소리 없이 이루어진 '조용한 혁명'이었다. 사회 전 영역 중에서 젠더 격차가 가장 빨리 사라진 영역이 바로 교육 영역이다. 이미 1970년대부터 서구에서 여성의 고등교육 취학률이 남성을 능가하기 시작하였다. 교육 기회가 확장되면서, 여성들이 새롭게 확장되는 교육기회를 적극적으로 활용하기 시작했고 이러한 변화가 나타났던 것이다. 1970년대 서구의 교육 평등은 페미니즘의 대두라는 흐름 속에서 이루어졌지만, 한국에서는 교육기회의 평등을 내세운 여성들의 투쟁의 결과라기보다 저출산으로 인한 자녀수 감소에 따른 인구학적인 변화의 산물이다. 평균적으로 자녀수가 줄어들면서, 딸만 있는 가정이 크게 늘었다. 그러므로 교육에 있어서도 딸과 아들을 구분하는 것 자체가 무의미해지는 저출산에 따른 변화가 나타났다.

2) 지체된 변화

그러나 이러한 조용한 혁명은 아직 노동시장의 변화로 전환되지 못하고 있다. 여성의 대학진학률이 남성보다 높지만, 노동시장 진출에 있어서는 아직도 이전과 큰 차이를 보이지 못하고 있다. 직장에서 일을 할 수 있는 기회가 남녀에 따라서 차등적으로 주어지기 때문에, 교육기회와는 달리, 일할 기회는 아직까지도 남성과 여성 사이에 큰 격차를 보이고 있다.

[그림 2.1]은 지난 25년간 가장 활발한 활동을 하는 연령대인 35－44세의 남성과 여성의 학력별 경제활동참가율 추이를 보여주고 있다. 무엇보다도 학력을 불문하고 남성의 경제활동참가율이 여성의 경우보다 훨씬 높았음을 알 수 있다. 대졸 남성들이 가장 높은 경제활동 참가율

을 보여준 반면, 대조적으로 대졸 여성들은 가장 낮은 경제활동 참가율을 보여주었다. 대졸 여성의 낮은 경제활동 참가율은 지난 25년 간 큰 변화를 보여주지 않았다. 저학력 남성의 경우 2000년대 들어서 경제활동참가율이 크게 떨어졌지만, 여전히 여성들에 비해서 높았다. 대졸 여성의 경우, 90년대 말부터 경제활동참가율이 일시적으로 감소 추세를 보여주기도 하였지만, 2000년대 후반 다시 약간의 증가 추세를 보이고 있다. 그렇지만, 2010년대 들어 다시 감소 추세를 보여주고 있다. 반면, 고졸 여성의 경우는 90년대부터 2000년대 초반까지 경제활동참가율이 지속적으로 증가추세를 보이고 있다. 중졸 여성의 경우, 여성 가운데 가장 높은 경제활동 참가율을 보여주었다. 대체로 소득이 낮은 경우가 많기 때문에, 가구소득에 기여하기 위한 경제활동 참여로 중졸 여성들의 경제활동참가율이 높게 나타났다. 남성의 경우, 학력이 높을수록 경제활동참가율이 높아졌지만, 여성의 경우는 반대로 학력이 낮을수록 경제활동참가율이 높았다. 이것은 남성과 여성에게서 학력이 다른 의미를 지닌다는 것을 보여주는 것이며, 또한 여성에게 학력이 취업 이외에 다른 선택지인 결혼에서 중요하게 작용한 결과라는 것을 함의하고 있다. 즉, 동질혼 비율이 높아서, 중졸 여성들의 경우, 학력이 낮은 배우자와 결혼하는 경우가 대부분이고, 그 결과 가구소득이 낮아서 결혼한 여성들도 경제활동에 참여하는 경우가 많았다.

이러한 추세는 OECD 다른 회원국에서도 정도는 다르지만, 유사하게 나타난 현상이다. 최근 OECD 보고서는 "평균적으로 남학생들이 여학생들 점수의 60% 정도를 받고, 고등교육을 이수하는 비율도 2017년 25－34세 여성의 경우 50%에 달하지만, 남성은 38%에 불과하였다. 이러한 격차는 지난 10년간 더 확대되었다. 그러나 더 나은 교육성취에도 불구하고, 여성들은 고용에서는 뒤처지고 있다. 평균적으로 고등교육을 받은 남성의 89%가 취업을 한 반면, 여성의 취업률은 80%였다. 학력이 낮은 경우에 남성과 여성의 격차는 더 커졌다"는 점을 지적하고 있다(OECD, 2018: 25).

[그림 2.2]는 2015년 15세 학생들을 대상으로 읽기능력(literacy), 수리능력(numeracy)과 과학역량(science)을 PISA 시험을 통해서 알아 본 결과이다. 0점보다 낮은 경우에는 여학생들이 더 우수한 시험 점수를 보인 경우이고, 0점보다 높은 경우에는 남학생들이 더 우수한 결과를 보인 경우이다. 대체로 '문해력'이라고 불리는 읽기능력의 경우에는 여학생들이 더 우수한 성적을 보였고, 수학과 과학에서는 2/3 정도의 국가들에서 남학생이 여학생보다 우수한 성적을 보인 것으로 나타났다. 읽기능력에서는 남녀 격차가 매우 컸으나, 수리능력과 과학역량에서는 그 차이가 상대적으로 적은 경우가 많았다.

글상자 2.3 PISA

PISA(Programme for International Student Assessment, 국제학생평가프로그램)는 대표적으로 국제적인 수준에서 이루어지고 있는 학생들의 역량 평가 프로그램이다. PISA는 2000년부터 OECD가 회원국과 비회원국의 15세 학생들을 대상으로 읽기, 수학과 과학의 학업 역량을 조사하는 프로그램이다. 의무교육이 끝나는 15세를 기점으로 학생들의 역량을 평가하는 PISA는 문해력, 수리능력, 과학 이해력 세 가지를 집중적으로 평가하고 있다. 2018년에는 80개국을 대상으로 조사가 확대되었고, 조사 항목으로 금융 이해력(financial literacy)이 추가되었다. PISA 테스트에서 동아시아 학생들은 대체로 상위권(중국(베이징-상해-장수-저장), 싱가포르, 홍콩, 마카오, 에스토니아, 아일랜드, 타이완, 독일, 일본, 폴란드, 핀란드, 캐나다, 한국, 영국, 포르투갈, 미국, 체코 순)을 차지하고 있다(Schleicher, 2019: 9). 과거 핀란드와 한국이 최상위 그룹을 차지하였으나, 중국, 홍콩과 싱가포르, 대만이 평가에 포함되면서, 한국의 15세 학생들은 이 국가들의 학생들보다는 낮은 수준을 보이고 있다.

그림 2.2 2015년 PISA 학생 읽기, 수학과 과학 역량평가에서 나타난 남녀 격차

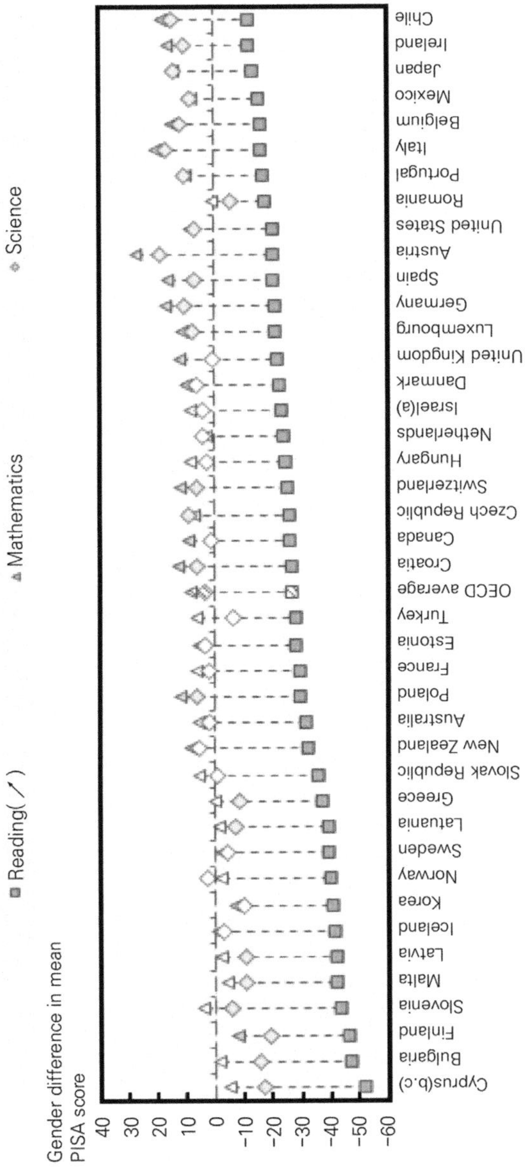

자료: OECD(2015), Programme for International Student Assessment.
참고: 회색은 통계적으로 유의미한 차이를 의미하고, 흰색은 통계적으로 유의하지 않은 차이를 의미한다.

2018년 한국의 경우는 세 가지 영역 평가에서 여학생이 남학생보다 더 우수한 성적을 보였다. 읽기능력에서는 41점 차이로 가장 점수 차이가 컸고, 수리능력에서 7점, 과학역량에서 10점 격차를 보여서, 평균적으로 여학생들의 학업 역량이 남학생보다 더 우수한 것으로 나타났다. 이것은 일본과 매우 대조적인 결과로, 일본의 경우는 여학생이 읽기능력에서 남학생보다 우수하였으나, 그 차이는 13점 정도였고, 수리능력과 과학역량에서는 남학생이 여학생보다 14점 더 높아서 전통적인 남녀 격차가 그대로 나타났다. OECD 평균 읽기능력에서는 여학생이 남학생보다 27점 더 높았고, 수학과 과학에서는 남학생이 여학생보다 각각 8점과 4점 더 높았다. 이러한 점을 고려할 때, 한국의 경우는 핀란드, 스웨덴과 더불어 여학생들이 남학생들을 모든 분야에서 능가하는 이례적인 사례에 속한다고 볼 수 있다.

이러한 남녀 격차는 최근의 현상이다. 여학생이 남학생보다 세 가지 차원에서 모두 우수한 성과를 보이기 시작한 것은 2010년대에 이르러서였다. PISA 시험이 실시된 시기에 따라서 평가항목이 달라졌기 때문에 세 가지 항목을 모두 평가한 2015년 PISA평가 결과와 비교하는데 약간의 시차가 있지만, 대체적으로 2000년대와 2010년대 추이는 추정할 수 있다. 2009년도 PISA 시험에서 평가가 이루어진 읽기능력의 경우, 여학생이 남학생보다 35점 앞섰다. 2003년 수리능력 평가에서는 오히려 남학생이 여학생보다 23점 앞섰고, 2006년 과학역량에서는 여학생이 남학생보다 2점 앞서는 데 불과하였다. 2015년 평가에서는 모든 영역에서 여학생들의 역량이 남학생들을 능가하였고, 그 격차도 훨씬 더 커졌다.

2. 가족배경, 젠더와 교육기회

1) 중학교 이후

남성과 여성의 교육기회와 관련하여, 가족배경의 영향은 어떻게 나타나고 있는가? 부모의 사회경제적 지위가 자녀의 교육기회와 직업 획득과 관련하여 영향을 미친다는 것은 너무도 잘 알려진 사실이지만, 이러한 경우가 자녀의 성별에 따라 다르게 작용하고 있는가? 이러한 질문은 계급/계층, 젠더와 교육기회 사이의 상호관계에 관한 질문이다. 직접 경험을 했거나 혹은 다른 사람으로부터 들은 사례를 통해서 아들과 딸 사이에 교육기회 격차가 있다는 것도 많은 사람들이 알고 있다. 그렇다면, 시대에 따라서 그것이 어떻게 변했는가 하는 질문도 가능하다.

[그림 2.3]은 직업능력개발원이 2004년 당시 중학교 3학년 학생들을 졸업한 이후에 추적해서 진로에 관해 조사한 교육고용패널 자료를 분석한 결과이다. 이 자료는 2004년 중3과 고3이었던 학생들을 계속해서

그림 2.3 부모 소득 분위별 자녀 고등학교 진학 유형

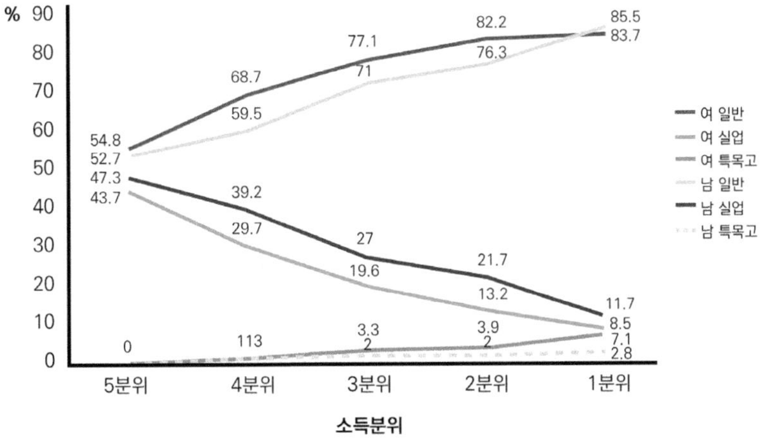

자료: 직업능력개발원, 2004년 교육고용패널자료 원자료 분석 결과.

조사하여 교육과 취업의 궤적을 파악하기 위하여 수집된 자료이다. 이 중에서 중학교 3학년 학생들을 추적하여 분석한 결과가 [그림 2.3]에 제시되어 있다. 이 자료의 분석 결과는 크게 네 가지로 요약할 수 있다.

첫째, 한국사회에서 자녀의 고등학교 진학과 관련하여, 부모의 사회계층은 뚜렷하게 영향을 미치고 있다. 전문직과 관리직 종사자의 경우, 80% 이상의 자녀가 일반계 고등학교와 특목고나 자율형 사립고(이하 자사고)로 진학을 하지만, 미숙련 노동자들의 경우는 40% 정도의 자녀가 일반계 고등학교나 특목고 혹은 자사고로 진학하여 대단히 큰 격차를 보여주었다.

둘째, 부모의 소득수준에 따라서 고등학교 진학에서 큰 격차가 나타났다. 소득이 낮을수록, 일반계 고등학교 진학은 낮아지고, 전문계 고등학교 진학이 높아지는 것으로 나타났다. 교육기회의 차이가 이미 대학 이전 단계인 고등학교 진학과 관련하여 나타나고 있다는 점에서 고등학교 진학이 교육기회의 불평등과 관련하여 중요한 단계가 될 수 있다는 것을 의미한다.

셋째, 특목고/자사고 진학의 경우, 남학생보다 여학생의 경우에 부모 소득에 따른 격차가 더 컸다. 부모 소득이 하위 20%인 경우, 특목고/자사고 진학은 남학생과 여학생이 동일하게 0%로 나타났지만, 상위 20%의 소득계층인 경우, 남학생과 여학생 격차가 크게 나타났다. 고소득 부모의 경우, 여학생의 7.09%가 특목고/자사고로 진학했지만, 남학생의 경우는 2.76%로 낮았다. 남학생들의 경우, 부모 소득 분위에 따른 차이가 여학생들의 경우보다 훨씬 덜 했다.

넷째, 부모의 소득 수준과 자녀의 고등학교 진학과의 관계가 남학생보다 여학생에서 유의미하게 더 강하게 나타났다. 이것은 가족배경이 자녀 교육에 미치는 효과가 남학생보다 여학생에서 더 크게 나타났다는 것을 의미한다. 자녀의 교육기회와 관련하여 부모의 계급이나 계층

효과가 남성과 여성에게 다르게 나타나고 있다는 것을 보여준다.

2) 고등학교 이후

고등학교 교육이 일반화된 이후, 더 중요해진 학력은 대학 학력이다. 상대적으로 희소성이 있는 학력을 소지하는 것이 취업과 승진에 도움이 되지만, 이제 고등학교 학력은 대부분의 사람들이 가지고 있는 학력이라는 점에서 고등학교 학력 그 자체로의 사회경제적 의미는 크게 약화되었다. 오히려 고등학교 학력 소지자가 소수가 되면서, 저학력의 상징이 되었다. 그 대신에 대학 학력을 둘러싼 경쟁이 더 치열해지고, 대학 학력을 획득하기 위한 가족의 자원동원이 더 극단적인 수준에서 이루어지고 있다. 사교육을 중심으로 하는 대학입시 경쟁이 더 치열하게 전개되었다.

그렇다면, 고등학교 이후의 진로는 어떻게 그리고 왜 성에 따라서 달라지는가? [표 2.3]은 2007년 고등학교 3학년 학생들이 졸업 후 어떻게 변화를 했는지를 분석한 것이다. 여기에서도 부모의 직업과 소득 수준에 따라서 뚜렷한 차이를 보였다. 또한 대학진학 여부와 대학 유형(수도권 4년제, 수도권 2년제, 비수도권 4년제, 수도권 2년제) 선택에서 매우 뚜렷하게 고졸자의 성별에 따라서도 차이를 보이고 있다.

첫째, 부모의 직업이 관리직/전문직인 경우, 자녀의 수도권 4년제 입학은 24.47%로 미숙련 노동자 자녀의 6.25%에 비해서 4배 정도 더 높았다. 농림어업 종사자의 자녀 3.97%에 비해서는 6배 정도 더 높았다. 준전문직과 사무직의 경우에는 비수도권 4년제 입학이 높아서, 전체적으로 직업에 따른 격차가 뚜렷하게 나타났다.

둘째, 소득 하위 20%의 학생들에게서 대학에 진학하지 않는 미진학 비율이 가장 높게 나타났다. 남학생들의 경우는 24.43% 그리고 여학생들의 경우 37.61%가 대학에 진학하지 않고 고등학교 교육만을 최종적으로 마치는 것으로 나타났다.

셋째, 소득 하위 20%의 학생들은 대학으로 진학하는 경우에도 비수도권 2년제 대학으로 진학하는 비율이 가장 높게 나타났다. 이것은 소득 학위 남학생의 28.05%, 여학생의 24.78%로 남녀 모두에서 높게 나타났다. 소득 하위 20% 가정의 자녀들이 대학 진학을 하는 경우에도, 대학 서열에서 가장 낮은 서열이라고 간주되는 지방의 2년제 전문대학으로 많이 진학하는 것으로 나타났다.

넷째, 소득이 가장 높은 소득 상위 20%에서 가장 많이 이루어지는 대학 진학은 수도권 4년제 대학으로서의 진학이다. 이것은 남학생과 여학생 관계없이 공통적으로 나타난 현상으로 부모의 소득이 상위 20%에 속하는 여학생의 경우 38.93%와 남학생의 23.68%가 수도권 4년제 대학으로 진학하였다. 이러한 점은 부모의 소득이 자녀의 대학 진학에 커다란 영향을 미치고 있다는 점을 보여준다.

다섯째, 부모의 소득이 대학 진학에 미치는 영향과 관련하여서도, 성별에 따른 차이가 크게 존재하고 있다. 부모의 경제적 지위가 자녀의 진학에 미치는 효과는 남학생보다 여학생에서 더 크게 나타났다. 중학교에서 고등학교로의 진학에서와 마찬가지로 가족배경의 효과가 여학생에서 더 크게 나타나고 있다. 다시 말해서, 부모의 계급/계층과 자녀의 대학진학과의 관계에서 젠더에 따른 차이가 존재하며, 아들보다는 딸에서 그 관계가 더 두드러지게 나타나고 있다.

정리하자면, 한국에서 가족 배경이 자녀의 교육기회에 미치는 영향력은 크게 2단계 과정을 통해서 나타나고 있다. 첫 번째 과정은 자녀가 중학교에서 고등학교로 진학하는 과정에서 나타난다. 고등학교 유형의 선택과 관련하여 부모의 사회경제적 지위가 영향을 크게 미치고 있다. 두 번째 단계는 고등학교에서 대학으로 진학하는 과정에서 또 한 번 가족 배경의 효과가 나타난다. 이 과정에서 부모의 계급/계층과 자녀의 성이 상호작용하면서, 고등교육 기회의 불평등을 만들어 내고 있다.

표 2.3 한국 고등학교 학생들의 졸업 이후의 진로

소득	여성											
	비수도권2		수도권2		비수도권4		수도권4		미진학		전체	
	N	%	N	%	N	%	N	%	N	%	N	%
1분위	56	24.78	25	11.06	50	22.12	10	4.42	85	37.61	226	100.00
2분위	52	25.37	20	9.76	65	31.71	24	11.71	44	21.46	205	100.00
3분위	57	22.09	24	9.30	100	38.76	37	14.34	40	15.50	258	100.00
4분위	30	11.95	33	13.15	97	38.65	61	24.30	30	11.95	251	100.00
5분위	7	4.70	12	8.05	43	28.86	58	38.93	29	19.46	149	100.00
전체	202	18.55	114	10.47	355	32.60	190	17.45	228	20.94	1,089	100.00
chi2	167.0195***											
소득	남성											
	비수도권2		수도권2		비수도권4		수도권4		미진학		전체	
	N	%	N	%	N	%	N	%	N	%	N	%
1분위	62	28.05	38	17.19	56	25.34	11	4.98	54	24.43	221	100.00
2분위	52	23.85	29	13.30	78	35.78	21	9.63	38	17.43	218	100.00
3분위	49	21.12	24	10.34	91	39.22	29	12.50	39	16.81	232	100.00
4분위	33	13.69	36	14.94	97	40.25	37	15.35	38	15.77	241	100.00
5분위	7	4.61	7	4.61	74	48.68	36	23.68	28	18.42	152	100.00
전체	203	19.08	134	12.59	396	37.22	134	12.59	197	18.52	1,064	100.00
chi2	94.6663***											

자료: 직업능력개발원(2004~2016), 한국교육고용패널 자료 분석결과.

3. 남녀 대학 전공분리 현상

대학 진학에서 나타나는 남녀 차이는 전공 선택에서도 두드러진다. 젠더에 따른 전공분리 현상은 한국에서만 나타나는 현상이 아니라 거의 모든 나라에서 나타나는 보편적인 현상이다. 예를 들어, 남녀 격차가 상대적으로 낮은 수준인 OECD 회원국들 내에서도 학문 분야에 따

라서 남학생과 여학생의 분포가 크게 달라졌다. OECD 회원국들 내에서 나타나는 성별 대학 학과 격리 현상은 [그림 2.4]와 [그림 2.5]에 잘 나타나 있다. [그림 2.4]는 2016년 OECD 회원국 내의 인문사회과학 졸업생의 성별 분포를 보여주고 있다. 인문학과 예술 전공 여학생 비율이 가장 낮은 국가인 남미의 칠레에서 여성 전공자의 비율은 53.9%였고, 그 비율이 75.7%로 OECD 국가들 가운데 가장 높은 라트비아와 20% 이상의 차이를 보여주었다. 이러한 추이는 대부분의 국가들에서 남학생과 여학생의 대학 진학에 있어서 큰 차이가 존재한다는 것을 의미한다.

[그림 2.5]에서 볼 수 있는 것처럼, 이공계(science and technology, engineering and mathmatics, STEM) 분야에서는 인문학과 예술 전공과는 반대로 여학생들의 비율이 훨씬 낮았다. OECD 회원국 졸업생들 가운데 이공계 분야에서는 남학생 68.8%, 여학생이 31.2%로 여학생이 절대적으로 낮은 비율을 보이고 있다. 국가 간 차이가 커서, 동유럽 폴란드의 경우, 이공계 여학생 비율이 44.1%로 OECD 국가들 가운데서 가장 높았고, 남미 칠레의 경우는 18.5%로 가장 낮았다.

그림 2.4 OECD 국가들의 성별 인문학과 예술 분야 졸업생 비율 (2016년)

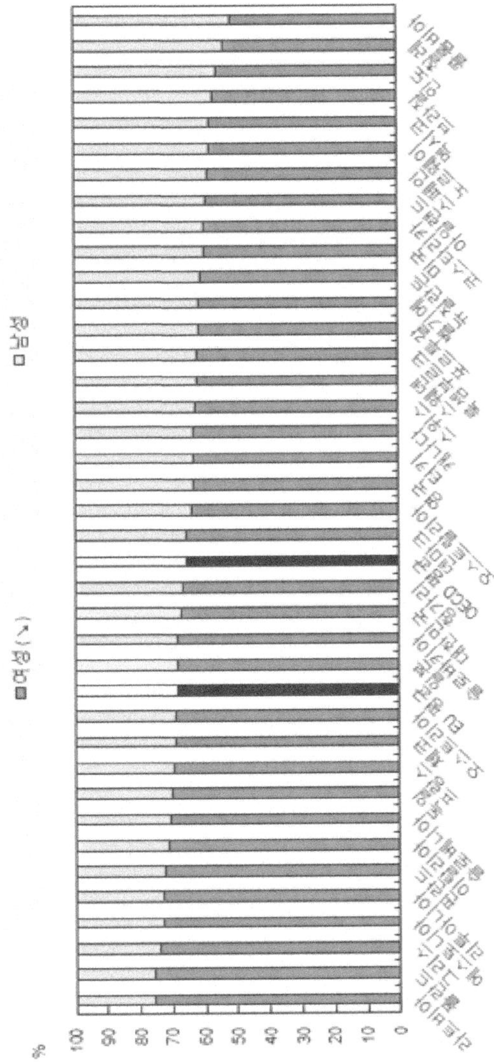

자료: OECD Family database(www.oecd.org/els/family/database.htm)

그림 2.5 OECD 국가별 성별 STEM(과학, 기술, 공학, 수학) 졸업자 비율

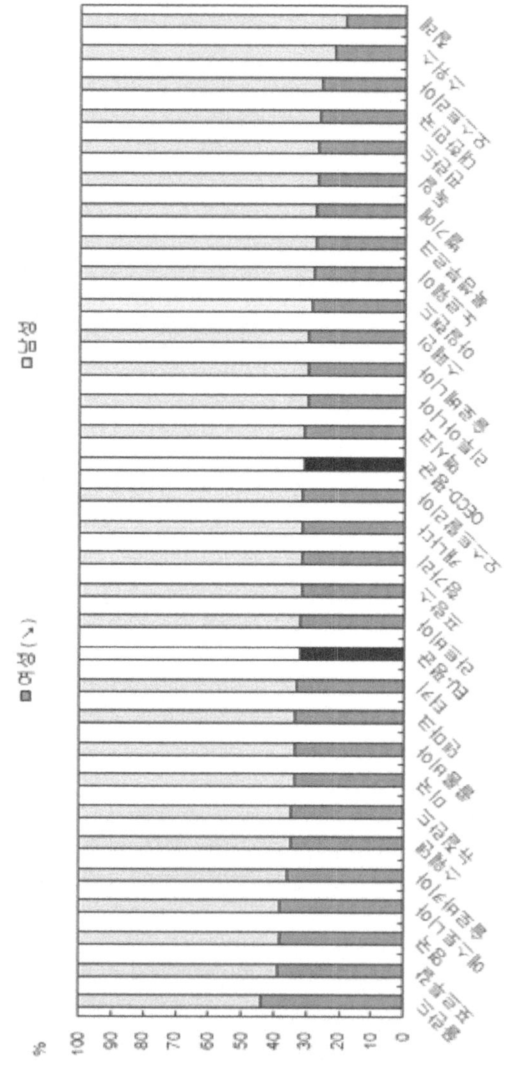

자료: OECD Family database(www.oecd.org/els/family/database.htm)

[그림 2.5]에서 남성의 경우는 과학과 공학 전공자의 비율이 높은 반면, 여성의 경우 예술, 인문학과 사회과학 전공자의 비율이 상대적으로 높게 나타났다. 이것은 대학 전공에서도 성별 분리가 매우 뚜렷하게 나타났다는 점을 보여준다. 한국의 경우는 OECD 국가들 가운데 성별 전공분리가 상대적으로 뚜렷한 국가에 속한다는 점도 보여준다.

그렇다면, 대학 전공에서 남성과 여성의 분리는 왜 나타나는가? 이것이 남성과 여성의 생물학적인 차이에서 유래하는 것인가? 아니면, 후천적으로 사회화 과정을 거쳐서 형성된 대학 전공 선호의 결과인가? 이를 알아보기 위해 남학생과 여학생의 과학과 수학 능력 차이를 중학교 시기부터 살펴보았다. 중학교 과정에서 남성과 여성의 수리능력을 측정하는 40개 국가 국제학생능력평가(Programme for International Student Assessment, PISA)는 과학과 수학에서의 남학생과 여학생은 평균적으로 19점 정도의 차이를 보이며, 이것을 극복하기 위해서 6개월 정도 더 공부를 해야 여학생들이 남학생들의 수리 능력 수준에 오를 수 있다는 것을 보여주었다(Gjersoe, 2018). 이것은 남학생과 여학생 사이에 생물학적인 차이가 존재할 수 있음을 보여주는 조사결과이다.

그러나 또 한 가지 두드러진 점은 터키와 같이 남녀 분리가 강한 사회에서 수리능력 시험에서의 남녀 격차는 더 크고, 젠더 중립적인 북유럽 국가들에서는 남녀 수리능력의 차이가 거의 없었다는 것이다. 이러한 사실은 사회의 문화적인 특징이 수리능력의 격차를 만들어 내는 중요한 요인으로 간주될 수 있다는 사실을 보여준다. 전반적으로 OECD에서 교육성과를 측정하는 PISA 수리능력 시험 점수는 문화적인 요인에 크게 영향을 받고 있다는 사실을 보여준다. 그리고 일부 사회학자들은 성평등 문화가 지배적인 사회에서 남녀 PISA 수리능력 점수 차이가 거의 없다는 점에 근거하여, 각 사회의 문화와 이공계(STEM) 선호 간의 상관관계가 높다고 보고 있다.

한국의 경우, 2018년 PISA 테스트에서 남학생과 여학생 간 수학과 과학에서 점수의 차이는 없었다. 그렇지만, 남학생의 경우, 5명 중 1명이 그리고 여학생의 경우 10명 중 1명이 30세에 과학계 전문가로 일을 할 것으로 기대하였다. ICT 업종 종사 기대는 남학생의 경우는 6% 정도였지만, 여학생의 경우는 1% 정도에 그쳤다.[2] 이러한 결과는 PISA 테스트가 만 15세 중학생들을 대상으로 한다는 점에서, 한국에서는 중학교 시절의 수학과 과학 역량의 차이에 따른 대학 전공 선택의 차이는 서로 관련이 없다는 것을 의미한다.

그렇다면, 왜 여학생들이 남학생들보다 이공계 선호가 훨씬 낮고, 인문사회계 선호가 높은가? 이러한 질문에 대한 답을 찾기 위하여, 2018 PISA 테스트에서 중요한 질문 문항인 읽기능력(reading)을 살펴보면, 여학생이 남학생에 비해서 24점 더 높았다. 남학생과 여학생 간 수학과 과학에서 유의미한 차이는 없었으나, 읽기에서는 여학생들이 남학생들에 비해서 더 높은 역량을 보여주었다. 그러므로 여학생들이 인문사회 전공을 선호하는 것은 읽기 역량의 우위에서 나타난 결과인 셈이다. 그러나 여학생들의 과학기술 전공 진출은 사회의 성평등 정도와 관계가 있다.[3] 북유럽과 과거 소련의 영향을 받은 동유럽과 유라시아 지역에서 과학과 기술 분야에서 여성의 비율이 높다. 이와는 대조적으로 중동지역과 동아시아에서 과학과 기술 분야에 종사하는 여성의 비율이 낮다. 이것은 과학기술의 교육과 실험실에서 이루어지는 젠더관계와 성별분리 문화의 산물이다.

성별 전공분리는 교육과정으로 그치는 것이 아니라 졸업 이후의 진로나 경력과도 연계되어 있다. 그러므로 고등교육에서 나타나는 성별에 따른 전공분리는 사회적으로 직업과 직종에서 성별 격차를 만들어내는 중요한 요인이 된다. 대학에서의 전공이 중시되지 않고, 어느 대학을 졸업했느냐가 중요했던 과거와는 달리, 오늘날에는 점차 기업에서 이루어지는 신입 직원 채용과정에서 대학에서의 전공이 중시되면서, 인문계열, 사회과학계열, 경영계열, 자연계열, 공학계열, 예술계열,

체육계열 등의 전공 계열뿐만 아니라 세부 전공 학문분야가 취업에 영향을 미치기 시작했다. 전반적으로 이러한 변화는 기업과 직종의 분화와 기업 조직 내의 업무분화와 관련을 맺고 있다.

4. 교육 이후와 경제활동

젠더는 한 개인의 생애 전 과정에 걸쳐서 지속적으로 영향을 미칠 수 있다는 점에서 매우 강한 귀속적 지위로 기능할 수 있다. 가부장제 사회에서 다양한 형태의 차별과 배제를 내포한 비공식적인 사회적 기제를 통해서 또한 공식적으로 제도화된 규칙을 통해서 남성과 여성에게 각기 다른 방식의 태도와 행동이 요구된다. 대학진학에서 나타나는 전공 선택의 성별 차이뿐만 아니라 대학교육을 마친 이후에 이루어지는 취업이나 진학 등의 선택에서도 지속적으로 차이를 만들어 낸다. 그리고 취업을 한 경우, 조직 내에서의 경력과 관련해서도 남성과 여성의 차이가 두드러지게 나타난다. 그 결과, 젠더, 교육과 사회이동은 서로 분리된 것이 아니라 사회제도 속에서 상호 결합되어 하나의 독특한 '젠더 레짐'을 구성하는 핵심적인 요소들이다. 젠더 레짐은 남성과 여성의 역할과 관계에 영향을 미치는 법, 제도, 문화와 이데올로기로 구성된 사회체계로 정의될 수 있다. 젠더 레짐은 경제적, 정치적, 사회적, 문화적, 이데올로기적 차원에서 성에 따른 역할과 행위규범을 포함한다.

한국 청년들의 1/3 정도는 고등학교 교육에서 교육을 끝내고, 2/3 정도가 대학교육까지 마치고 있다. 성별로는 [표 2.1]에서 볼 수 있듯이, 2017년 25−34세 연령대의 남성의 65%가 대학교육을 받았고, 여성의 75%가 대학교육을 받았다. 교육을 마친 이후 경제활동을 하게 되는데, 고등학교 졸업자와 대학 졸업자 사이에 교육 이후의 과정은 대단히 다른 궤적을 보여준다. 대학 졸업이 절대 다수인 한국사회에서, 소수자인 고졸자들은 노동시장에서 더 심한 주변화를 겪게 된다. 그리고 고졸 여성의 경우는 이러한 주변화를 더욱 더 심하게 겪게 된다. 학력과 젠더에서 취약한 위치에 놓여있는 고졸 여성의 경우, 생애 전 과정에서 불리한 상황을 피하기 어렵다.

젠더는 대학을 졸업한 이후에 개인과 가족의 생애과정에 더 크게 영향을 미치고 있다. 먼저, 대학졸업 이후 첫 번째로 중요한 생애과정은 취업이다. 오랜 교육과정을 마치고 독립적인 생활을 영위하기 위한 생애과정의 하나가 취업이다. 교육에서 일자리로 이동하는 이 과정도 젠더에 의해서 크게 달라진다. [표 2.4]는 대학졸업 이후(전문대학과 일반대학 포함) 학문단위별 취업률을 남성과 여성으로 구분하여 살펴본 것이다. 먼저, 학문단위별 취업률 편차가 매우 크다는 것을 알 수 있다. 의학계열과 공학계열의 취업률이 높았고, 예체능계열과 인문계열의 취업률이 낮았다. 또한 동일 계열에서도 남성과 여성의 격차가 적지 않았다. 2017년 2월과 8월 졸업자 중에서 2017년 12월 31일 기준 취업을

표 2.4 학문단위별 취업률 추이(2013-2017)

	2013		2014		2015		2016		2017	
	남	녀	남	녀	남	녀	남	녀	남	녀
인문계열	61.0	56.7	59.2	56.4	59.0	57.8	59.2	56.9	59.1	54.5
사회과학	64.2	63.7	64.6	63.4	64.7	64.0	65.5	64.0	64.0	61.5
교육계열	59.1	70.4	60.5	70.8	59.6	71.2	58.1	69.3	54.4	66.3
공학계열	75.9	70.1	74.0	68.7	73.5	69.5	72.4	68.0	71.0	66.3
자연계열	66.5	61.6	66.2	61.5	66.2	62.0	66.6	61.7	65.4	60.2
의학계열	80.1	81.1	79.1	81.4	80.8	82.8	82.1	83.9	81.9	83.2
예체능	63.7	57.7	63.2	57.8	66.7	60.0	67.0	61.9	65.8	61.6
종합	69.9	65.1	69.0	65.2	69.0	66.1	69.0	66.4	67.8	64.8

자료: 교육부(2018), 2017 고등교육기관 졸업자 취업통계, pp. 42-43.

한 졸업자의 비율은 전체적으로 66.2%로 낮았다. 취업률은 남성 67.8%, 여성 64.8%로 약간의 차이가 나타났다. 대졸자 취업률은 젠더보다는 전공 계열에 따라 편차가 컸다. 의학계열의 취업률이 88.2%로 가장 높았고, 그 다음이 공학계열로 70.1%였다. 취업률이 상대적으로 낮은 경우는 인문계열 56.0%이었으며, 자연계열 62.5%, 사회계열 62.6%, 예체능계열 63.0%, 교육계열 63.7% 순으로 높아졌다(김동욱, 2019: 98). 대체로 모든 학문단위에서 남성의 취업률이 여성의 취업률보다 높았지만, 교육계열의 경우에서는 여성이 남성보다 높은 취업률을 보여주었다. 그리고 의학계열에서는 남녀 비슷한 취업률을 보여주었다.

[표 2.5]는 학력에 따른 청년들의 첫 번째 일자리의 고용형태를 보여준다. 무엇보다도 [표 2.5]는 두 가지 사실을 보여준다. 첫째, 학력수준에 따른 고용형태 편차가 대단히 크다는 사실이다. 대졸자의 상용직 비율과 고졸 미만의 상용직 비율 격차가 대단히 커서, 그 차이가 남성의 경우는 37.19% 포인트, 여성의 경우는 44.32% 포인트에 달하였다. 고졸자와 대졸자 간 상용직 비율 격차도 매우 커서, 남성 21.40% 포인트, 여성 12.01% 포인트에 달하였다. 둘째, 남성과 여성의 격차는 고졸 미만과 대학원 석사 이상에서 가장 컸고, 고졸과 전문대 졸에서는 거의 비슷한 비율을 보였다. 대졸자의 경우는 상용직 비율이 남성의 경우 84.70%, 여성의 경우 76.14%로 10.56%의 차이를 보여서 대학 졸업 후 취업에 있어서 젠더 격차가 상당한 정도로 존재한다고 볼 수 있다.

일용직 비율은 고졸 미만에서 가장 높았고, 학력이 높아질수록 줄어들어 대졸 남성의 경우 일용직은 8.92%로 고졸 미만 39.78%로 비교하여 거의 31% 포인트 정도 차이를 보였다. 여성의 경우는 고졸 미만인 경우 일용직이 45.45%로 가장 높았고, 전문대졸에서 16.01%로 가장 낮았다. 학력에 따른 고용형태와 더불어 성에 따른 편차가 동일한 고용형태 내에서도 나타났다. 여성이 남성보다 상용직 비율에서는 더 낮았지만, 일용직 비율에서는 더 높았다. 그리고 무급가족 종사자의 비율도 고졸 미만 남성의 경우, 0.55%에 불과하였으나, 고졸 미만 여성에서는 무려 15.15%로 높게 나타났다. 대학을 졸업한 이후 노동시장으로 진출하는 경우에도 학력과 젠더가 지속적으로 영향을 미치고 있어서, 저학력자나 여성이 불리한 상황에서 벗어나지 못하고 있다.

표 2.5 학력별 첫 일자리 고용지위

남성

	상용직	일용직	임시직	고용주	자영자	무급 가족	기타	전체
고졸 미만	47.51	39.78	6.63	1.66	3.87	0.55	0.00	100.00
고졸	63.30	22.05	4.16	2.26	7.40	0.76	005	100.00
전문대졸	76.90	12.94	2.04	2.41	5.06	0.52	0.14	100.00
대졸	84.70	8.92	9.85	0.85	3.60	0.30	0.08	100.00
석사 이상	83.74	10.24	0.38	1.66	3.71	0.13	0.13	100.00
무응답	40.00	13.33	20.00	0.00	20.00	6.67	0.00	100.00
전체	75.99	14.14	2.18	1.99	5.12	0.49	0.09	100.00

여성

	상용직	일용직	임시직	고용주	자영자	무급 가족	기타	전체
고졸 미만	31.82	45.45	4.55	3.03	0.00	15.15	0.00	100.00
고졸	64.13	25.04	2.97	0.84	6.04	0.95	0.02	100.00
전문대	77.17	16.01	1.18	0.98	3.70	0.85	0.11	100.00
대학	76.14	17.62	1.00	0.95	3.74	0.44	0.10	100.00
석사 이상	67.08	25.84	1.24	0.90	4.83	0.00	0.11	100.00
무응답	47.83	30.43	4.35	0.00	0.00	17.30	0.00	100.00
전체	73.35	19.11	1.52	0.94	4.27	0.72	0.09	100.00

자료: 청년고용패널(1차-11차)(2007-2017년), 필자 분석.

직장 유지비율도 대학에서 전공으로 선택한 학문단위와 젠더에 따라서 큰 편차를 보여주었다. 2017년 1년 동안 직장을 유지한 비율은 조사 기간이었던 2016년 12월 31일부터 2017년 11월까지 직장을 유지한 비율로 오늘날 한국에서 청년들의 고용의 안정성 내지는 구직자-일자리 매칭이 되지 않은 상태가 어느 정도인지를 잘 보여준다. 1년 직장 유지비율은 78.8%로 1년 전에 비해서 2.0% 포인트 증가하였다. 학문 단위에 따라서 졸업자의 직장유지 기간이 1년을 넘는 경우는 교육계열(81.8%), 공학계열(83.3%), 의약계열(81.1%)이 전체 유지취업률보다 높게 나타난 반면, 인문계열(74.2%), 사회계열(78.4%), 자연계열(77.0%), 예체능계열(65.4%)은 전체 유지취업률보다 낮게 나타났다(교육부, 2018: 56-57). 대체로 1/5내지 1/4 정도의 대졸 신규취업자들이 1년 내에 이직을 하고 있다.

1년 이상 직장 유지비율에서도 남성과 여성은 큰 차이를 보였다. 남성의 경우 직장 유지비율은 82.2%로 여성의 경우 75.4%보다 6.8% 포인트 더 높았다. 이러한 사실은 취업을 한 이후 대졸자 여성들의 경우가 대졸자 남성들에 비해서 높은 고용불안정을 겪고 있다는 것을 의미한다. 그리고 이러한 점은 직장 유지율이 가장 낮은 예체능계열에서 여성의 비율이 가장 높은 것과도 관련이 되어 있다.

대학 이후의 남성과 여성의 경력은 생애과정에 따라서 큰 차이를 보인다. 대표적으로 결혼이나 출산으로 인한 여성의 경력 단절은 남성과 여성의 경력의 차이를 만들어 내는 대표적인 사건이다. 교육은 결혼과 관련해서도 결정적인 영향을 미친다. 예를 들어, 동질혼이 강한 사회에서 교육은 배우자 선택에서 중요한 요소로 작용한다. 교육수준이 비슷한 사람들끼리 결혼을 하게 되는 경향이 강하기 때문에, 결혼 이후의 경제상태도 영향을 받는다. 동질혼의 경우, 소득의 분배에도 영향을 미쳐서 전반적으로 소득 불평등을 강화시키는 요인으로 작용하고 있다. 고학력자는 고학력자와 결혼하고, 저학력자는 저학력자와 결혼하기 때문에, 맞벌이 부부 비율이 높아지는 추세에서 가구소득 격차는 더 커지게 된다.

오랜 기간에 걸쳐서 관행적으로 이루어진 여성의 결혼과 출산에 따른 경력의 변화는 신입사원 선발 과정에서 여성에게 불리하게 작용할 뿐만 아니라 취업 이후에서도 이러한 여성의 특성을 고려한 업무배치와 승진이 이루어지기 때문에 경력에도 부정적인 영향을 미친다. 그러므로 여성들은 임금이 낮은 직종이나 직장으로 진출할 가능성이 크고, 취직 이후에도 경력이 고려되지 않은 일자리로 배치될 가능성이 높다.

그렇다면, 한국에서 고학력 여성들의 임금은 고학력 남성과 어느 정도 차이를 보이고 있나? [표 2.6]은 한국고용정보원이 수집하고 있는 대졸자직업이동경로조사(GOMS) 자료를 분석한 결과이다. GOMS 자료 중에서 2006년, 2011년, 2016년 3개년에 걸쳐, 전공별, 성별로 대졸자 첫 번째 임금을 살펴본 것이다. 노동력 공급자의 인적 속성인 성과 전공에 따라서 월급이 어떻게 다른지를 살펴보았다. 전체 조사대상자들의 월평균 임금을 기준으로 하여 전문대학 이상 일반대학의 전공과 성

글상자 2.4 대졸자직업이동경로조사(GOMS)

이 조사는 2000년대 들어서 고학력 청년실업문제가 심화됨에 따라 한국고용정보원이 대학 졸업 후 노동시장으로 이행한 현황을 분석하여 보다 합리적이고 원활한 정책을 모색하기 위하여 2006년부터 실시하고 있는 "교육과 노동시장에 관한 조사"이다. 매년 새로이 노동시장에 진입하는 전문대 이상의 대학졸업자 18,000명을 대상으로 교육과정, 재학 중 경력개발과 취업경험, 졸업 후 구직기간, 구직경험, 직업과 임금, 노동시장 이동, 진로탐색, 직업훈련 및 자격증, 가계배경 등의 정보를 수집하는 조사이다. 2006년부터 같은 응답자를 매년 조사하는 패널조사(panel survey)로 시작하였으나, 2011년부터는 1년만 조사하고 있다.

표 2.6 성별 전공계열별 졸업자 평균 임금 격차

	2006		2011		2016	
	남	녀	남	녀	남	녀
인문	188.30 (106.15)	142.31 (80.22)	219.93 (125.82)	178.26 (81.44)	217.99 (115.93)	179.74 (81.71)
사회과학	214.30 (120.81)	150.11 (84.62)	241.33 (126.28)	173.52 (82.40)	245.58 (119.55)	184.23 (77.74)
교육	194.04 (109.39)	153.57 (86.57)	205.83 (73.17)	174.51 (63.74)	226.73 (75.05)	188.11 (58.48)
공학	193.80 (109.25)	147.87 (83.36)	229.99 (102.17)	191.68 (90.16)	245.81 (103.54)	203.91 (78.61)
자연	181.19 (102.14)	136.69 (77.06)	208.83 (106.47)	168.12 (83.14)	217.67 (110.98)	175.53 (78.23)
의약학	205.15 (115.65)	165.55 (93.33)	233.14 (127.47)	203.20 (87.51)	255.03 (114.69)	229.62 (77.49)
예체능	183.64 (103.52)	122.61 (69.12)	193.29 (110.50)	147.85 (75.37)	204.18 (119.91)	157.05 (77.95)
전체	196.58 (144.9)	144.90 (81.68)	226.43 (113.44)	174.58 (82.45)	237.58 (111.94)	187.85 (79.94)

참고: 각 년도 대졸자직업이동경로조사(GOMS) 자료 필자 분석.
괄호 안의 수치는 각 년도 전체 평균 임금을 100으로 했을 때, 상대적인 평균임금 비율을 가리킨다.

별을 구분하여 성과 전공에 따른 임금 편차를 살펴본 것이다.

먼저, 전체 월평균 임금과 비교해서 전공에 관계없이 모든 대졸 여성들의 평균 임금이 대졸자 평균 임금보다 낮게 나타났다. 2006년 남성 대졸자의 초임은 196.68만원이었고, 여성의 월평균 초임은 남성의 73.7%에 해당하는 144.90만에 불과하였다. 의·약학 계열인 경우에도 여성의 월평균 임금은 전체 대졸자 월평균 임금보다 낮았다. 남성의 경우에는 사회과학 계열 졸업자들의 월평균 임금이 의·약학 계열보다 더 높았다. 의·약학 계열의 경우 의과대학 졸업자들이 졸업 후 인턴이나 레지던트로 5년 정도 근무하는 동안 낮은 월급을 받기 때문에 나타난 결과라고 볼 수 있다.

그리고, 교육계열 졸업자들의 경우, 여성들의 취업률이 남성들보다

더 높았지만, 월평균 임금은 남성에 비해서 훨씬 낮았다. 교육계열 남성 졸업자의 평균 임금이 194만 4천원이었지만, 여성 졸업자의 월평균 임금은 153만 5천 7백원으로 큰 차이를 보였다. 유아교육을 담당하는 경우는 대부분이 대졸 여성들이지만, 월급은 상대적으로 낮아서 이러한 결과가 나타났다. 예체능계 여성 졸업자는 취업률에서도 낮았고, 또한 월평균 임금에서도 122.61만원으로 가장 낮아서 예체능계 대졸 여성이 고용과 관련하여 가장 열악한 상태에 놓여있는 것으로 나타났다.

5. 맺음말

20세기 후반부터 산업화가 어느 정도 이루어진 나라들에서 여성들이 남성들보다 고등교육을 더 많이 받는 경향이 두드러지게 나타났다. 교육기회가 남성들에게 독점되었던 추세가 큰 변화를 보이기 시작한 것이다. 이러한 추세는 교육성과에서도 동일하게 나타났다. 여학생들의 학업 성적이 남학생들을 앞지르기 시작한 것이다. 여러 국제기구에 의해서 이루어지고 있는 각종 학업능력 평가에서 여학생들이 남학생보다 우수한 성과를 보이고 있다. OECD가 주관하고 있는 읽기(reading), 수학(mathmatics), 과학(science) 영역 학업성취 평가인 PISA에서도 여학생들의 약진이 두드러지게 나타나고 있다. 적어도 교육 분야에서 전통적인 남성의 우위가 사라지고 있다.

이러한 추세는 때로 "소년의 위기(boys' crisis)" 혹은 "남성성의 위기(the crisis of masculinity)"라고 불리기도 한다.4) 남성성의 위기는 성평등과 사회변화로 인하여 여성들이 전통적인 남성의 영역으로 진출하면서, 전통적인 남성성과 젠더 위계가 급격하게 약화되는 현상을 지칭한다. 이러한 추세는 교육에만 그치지 않고, 남학생들의 정신건강, 지능, 행태 등에서도 유사한 형태로 나타나고 있고 또한 전 세계적으로 나타나고 있는 보편적인 현상으로 인식되고 있다.

한국에서도 여학생들이 중등교육과 고등교육에서 큰 성과를 보이기 시작하면서, 전통적인 남성 우위의 학교체제에 변화가 나타나고 있다. 과거 한국에서는 언어능력, 수리능력과 과학역량에서 남학생이 여학생보다 우수한 성과를 보였다. 그러나 21세기 들어서 여학생이 남학생보다 더 우수한 성과를 보이고 있고, 고등교육 진학률에서도 여학생이 남학생을 앞서기 시작했다. 가부장제 사회의 여러 특징들이 조용히 약화되고 있고, 새로운 젠더 관계가 나타나기 시작했다. 이러한 변화는 눈에 띄지 않게 이루어진 큰 변화라는 점에서 '조용한 혁명'이라 부를 수 있다.

그러나 이러한 교육 분야에서 불고 있는 젠더 관계의 변화가 아직 대학졸업 이후의 노동시장에서의 변화로는 이어지지 못하고 있다. 노동시장에서는 여전히 남성 우위가 지속되고 있다. 대학 졸업 후 취업률에서도 여학생들이 남학생들에 비해서 크게 뒤처지고 있고, 일에 대한 보상 수준에 있어서도 여학생들이 남학생들에 비해서 더 낮은 임금을 받고 있다. 대학에서의 전공 계열에 따라서 편차를 보이기는 하지만, 교육 계열과 의·약학 계열을 제외하고는 모든 계열에서 여학생의 취업률은 남학생의 취업률보다 낮았다. 교육 계열과 의·약학 계열은 전문적인 시험을 통해서 취업이 이루어지는 것이 특징이기 때문에, 시험을 통한 취업에서는 여학생들이 남학생들에게 뒤처지지 않았다. 반면, 대부분의 민간 기업 취업에서는 시험이 아니라 기존의 남성 중심 기업문화에 적합한 지원자가 선호되기 때문에, 여학생들은 취업 과정에서 보이지 않는 불이익을 받고 있다.

일에 대한 보상에서도 모든 대졸 여성들이 대학에서 전공한 학문 단위와 관계없이 평균적으로 전체 노동시장 평균 임금보다 낮은 임금을 받았다. 2010년대까지 대졸 남성의 월평균 임금에 비해서는 약 36% 정도 낮은 임금을 받았다. 그리고 상대적으로 취업률이 높았던 교육 계열이나 의약학 계열 대졸 여성들도 일에 대한 보상에서는 남성보다 낮은 보상을 받아서, 전체적으로 여성 대졸자의 초임은 전체 대졸자

초임보다 낮았다. 높은 진학률과 높은 학업성과에도 불구하고, 대학졸업 여성들이 남성들에 비해서 낮은 대우를 받았다. 노동시장에서 여성들이 겪고 있는 불리함은 교육 영역에서 나타나고 있는 '조용한 혁명'과는 매우 다른 양상을 보여주고 있다.

한국에서도 여성의 경제활동참가가 지속적으로 늘어나고 있고, 남성과 여성의 임금 격차가 조금씩 줄어들고 있다. 그러나 교육에서 일어난 큰 변화가 노동시장의 변화로 이어지기까지는 상당한 시간이 걸릴 것이다. 아직도 젠더와 연령 규범이 강하게 지배하고 있는 민간 부문에서는 남성 중심의 젠더 규범과 기업문화를 통해서 사회적 가부장제가 강하게 유지되고 있기 때문이다. 가족 내에서 나타나고 있는 가부장제의 변화와는 달리 기업조직이나 사회단체 내에서 나타나는 가부장제 문화는 상대적으로 강하게 유지되고 있다.

CHAPTER

03

성별전공분리와 20대 대졸자 성별소득격차

CHAPTER 03

성별전공분리와 20대 대졸자 성별소득격차

1. 왜 청년층의 성별소득격차를 측정하기 어려운가?
    1) 경력단절과 성별 소득 격차
    2) 인적자본의 성별 분포 격차와 소득 격차
    3) 노동시장의 수요 요인으로 인한 성별 소득 격차
2. 어떻게 분석할 것인가?
3. 대졸 청년층의 졸업 직후 성별소득격차
4. 대학 졸업 직후 성별소득격차를 낳는 노동시장 기제
5. 전공 계열별로, 학교 명성에 따라 성별소득격차가 어떻게 달라지는가?
6. 여성들이 지방근무와 초과근무를 하지 않기 때문인가?
7. 다른 나라도 다 마찬가지 아닌가?
8. 결론

CHAPTER 03

성별전공분리와 20대 대졸자 성별소득격차[1)]

다른 국가에 비해 한국 여성의 소득이 남성에 비해 평균적으로 크게 낮다는 것은 잘 알려져 있다. 한국의 중위소득 성별 격차는 2017년 기준 34.6%로 경제협력개발기구(Organization for Economic Co-operation and Development, 이하 OECD)에 속한 국가 중 독보적으로 크다.[2)] 일본이 24.5%고, 미국은 18.2%, 유럽연합 평균은 19.1%, OECD 평균은 13.8%다. 한국의 성별소득격차가 유난히 큰 가장 중요한 이유로 여성의 경력단절이 꼽힌다.[3)] 경력단절 이전 20대의 성별 노동시장 격차는 없거나, 있어도 미미한 것으로 인식된다.[4)] 20대에서는 여성의 소득이 오히려 더 높다는 언론 보도도 빈번하다.[5)] 20대 후반 여성의 고용률이 동연령대 남성의 고용률보다 높다는 것도 20대에서 성별 노동시장 성과격차가 없다는 근거로 인용된다.[6)] 20대에서 양성 평등에 대한 성별 인식 격차도 커서, 남성은 남녀가 평등하거나 오히려 남성이 불평등을 겪는다는 인식이 응답의 64.1%를 차지했지만, 여성은 81.9%가 여성이 불평등을 경험한다고 대답하였다.[7)] 정책적으로도 고용노동부의 여성노동 정책은 "경력유지 및 경력단절 예방"을 최우선으로 두고 있다.[8)]

실제로 20대 청년층에서 여성은 차별받지 않고 남성과 동등하거나 혹은 그 이상의 노동시장 성과를 올리고 있는가? 여성차별보다는 경력단절 예방에 정책적 초점을 맞추는 것이 성별소득격차를 줄일 수 있는 방안인가? 비록 일화적 사례이기는 하나, 노동시장 진입 시기에 여성이 차별 받는다는 명확한 실례도 있다. 2017년에 가스안전공사의 신입직원 채용 과정에서 여성 지원자에게 고의로 낮은 점수를 줘 탈락시킨 일로 전 사장이 구속된 사건이 있었다. KB국민은행에서는 남성 지원자의 점수를 임의로 올려줘 인사 담당자가 구속되기도 하였다. 서울메트로에서는 여성의 면접점수를 고의로 낮춰 모든 여성 지원자를 탈락시켰다. 심지어 수석을 차지한 여성도 면접에서 탈락하였다. 이러한 경우가 예외적 사례에 불과한 것인지 아니면 노동시장 진입 초기에 여성이 체계적으로 차별받고 있는 것인지 연구할 필요가 있다.

기술통계에 근거해 20대 청년층에서 성별 격차가 없다고 쉽게 결론내리기 어려운 방법론적 이유는 청년층 연령 효과의 복잡성 때문이다. 남성의 장기간 군 의무복무로 인하여 노동시장 진입 시기와 진입 연령이 성별로 다르다. 연령 격차와 젠더가 얽혀 있기 때문에, 통계 분석에서 연령 효과를 통제하고 성별 격차를 살피게 되면, 성별효과와 연령효과에 흡수되어 성별 격차를 과소 평가하게 된다. 동일 연령의 성별 경력 격차를 제대로 통제하는 것이 20대 청년층 성별소득격차를 파악하는 데 필수적이다.

이러한 방법론적 문제를 극복하며 20대 젊은층의 성별 노동시장 격차를 연구하기 위하여, 이번 장에서는 대학 졸업 직후 혼인과 출산으로 인한 여성의 경력단절과 성별 경력 차이가 발생하기 이전의 성별소득격차를 측정하고, 격차의 원인이 무엇인지 탐색한다. 이전 연구와 달리 세부 전공과 구체적인 출신 대학 등의 관찰 가능한 모든 인적자본을 통제하여 성별격차의 귀속 요인이 차별이 될 가능성을 높였다.

글상자 3.1 인적 자본(human capital)

경제활동에 긍정적으로 기여하는 개인이나 집단에게 체화된 보이지 않는 능력으로 기술, 지식, 습관, 사회적, 개인적 특성을 지칭한다. 가정이나 기업이 개인의 인적 자본을 발전시키기 위하여 교육과 기술 훈련 등에 투자하는 것은 인적 자본이 생산성 증대에 기여하기 때문이다. 인적 자본은 교육, 기술, 의사소통 능력, 협업 능력, 문제해결 능력, 근면, 정서적 안정성, 헌신, 약속 이행 등 업무 역량과 인성을 포함한다. 이중에서 많은 분석에 사용되는 것은 교육 수준과 근속년수이다. 근속년수는 업무와 관련된 숙련도를 측정하는 지표로 사용된다. 인적자본에 관한 논의는 생산에 기여하는 것이 물질적 자본뿐만 아니라 노동을 하는 사람들의 인적 자본도 생산에 기여한다는 것을 주장한 개리 베커(Gary Becker)에 의해서 제기되었다.

Gary Becker(1962), Human Capital: A Theoretical and Empirical Analysis, with Special Reference to Education(Chicago: Chicago University Press) 참조.

1. 왜 청년층의 성별소득격차를 측정하기 어려운가?

1) 경력단절과 성별 소득 격차

본격적인 분석에 앞서 성별 격차에 대한 이전 연구들을 살펴보도록 하자. 많은 연구들이 성별 노동시장 격차의 가장 큰 원인이 경력 단절에 있다고 보고하고 있다.[9] 실증분석에서 경력단절의 효과는 주로 연령효과로 나타난다. 신광영은 2007년 경제활동인구 부가조사를 이용한 연구에서 여성의 평균 임금이 남성 대비 30% 정도 낮은데, 그 원인은 연령에 따른 소득 보상의 측면에서 경력단절을 겪은 중년 여성들이 큰 불이익을 당하기 때문이라고 주장한다. 연령 효과가 소득 결정에 크게 영향을 끼친다는 것은 다른 연구에서도 확인된다.[10] 성별 노동시장 성과 격차가 경력단절에 있다는 것을 뒷받침하는 간접 증거는, 경력단절 발생 이전 20대 청년층의 성별 노동시장 격차가 매우 작거나 없다는 것이다. 2016년 경제활동인구 근로형태별 부가조사를 이용한 김난주의 분석에 따르면 15-29세 연령층의 성별소득격차는 5.2%에 불과하다.

그런데 청년층의 성별소득격차는 작고, 여성의 경력단절로 소득 격차가 커지는 것은 한국만의 독특한 현상은 아니다. 미국에서 코호트별 여성 노동 참여율 변화를 연구한 골든과 밋첼에 따르면 20대와 30대 초반 여성의 노동시장 참가율은 과거에 비해 크게 늘었지만 첫 출산 후 상당수의 여성이 노동시장에서 탈락했다가 40대 중반이 되어야 노동시장으로 되돌아온다.[11] 한국에서 M자형 노동시장 참여로 칭해지는 이 현상을 골든과 밋첼은 "중년층의 강하(sagging middle)"로 명하였다. 여성의 M자형 노동시장 참여 형태는 저학력층보다 고학력층에서 더 두드러진다. 그로 인해 20대의 성별 소득 격차는 작지만 30대 중반이 넘어가면 성별 격차가 커진다.[12]

글상자 3.2 **코호트**

코호트는 통계적으로 동일한 속성을 지니는 집단을 의미한다. 예를 들어, 연령 코호트는 동일한 연령집단을 지칭하며, 동일한 연령대라고 속하는 사람들을 묶어서 동일한 집단으로 보는 경우에 발생한다. 20대를 동질적인 집단으로 보는 경우는 20대는 20대 코호트로 분류된다.

그렇다면 한국에서 20대 청년층의 성별 노동시장 성과 격차가 작은 것은 세계적으로 관찰되는 보편적 현상의 하나인가? 한국에서 20대의 성별소득격차를 연구할 때 한 가지 주의할 점은 연령효과의 독특성이다. 대다수의 남성이 20대에 군 의무 복무를 마치고 노동시장에 진입하기 때문에, 같은 연령대에서 여성의 경력이 남성보다 2~3년 많다. 일반적으로 소득과 연령의 관계는 뒤집어진 U자 형태를 그린다. 노동

경력 초기에는 소득이 급격히 상승하다가, 일정 연령(주로 40대)에서 소득이 정점에 이르고, 그 이후에는 소득이 줄어든다.[13] 그렇기 때문에 노동 경력 초기의 경력 증가에 따른 높은 소득 증가율을 제대로 통제하지 않고 성별소득격차를 측정하면 여성의 경력분을 차감하는 효과를 가진다. 20대 남녀의 소득을 단순 비교해서 20대의 성별소득격차에 대한 결론을 내릴 수 없는 이유다.

글상자 3.3 통계적 차별(statistical discrimination)

통계적 차별은 한 사람이 다른 사람에 대한 정보가 부족할 때, 다른 사람이 속한 집단의 평균적인 속성을 가지고 그 사람을 판단하는 경우에 나타나는 차별이다. 고용주가 취업하기 위하여 면접에 참여한 한 사람을 평가할 때, 정보가 많지 않은 상황하에서 면접관이 면접자가 속한 집단의 속성(예를 들어, 인종, 성, 연령, 출신지역, 학교 등)을 가지고 피면접자를 평가하는 경우에 발생하는 차별이다.

이에 대한 대책은 노동 경력이 동일한 남녀를 비교하는 것이다. 이러한 연구의 예를 들자면, 유정미는 오하카 요소분해(Oaxaca Decomposition) 기법이라 불리는 방법을 이용해서 대학 졸업 후 경력 2년 이내의 성별 임금격차를 분석하였다. 이 분석에서 유정미는 연령은 대학 졸업 직후의 노동시장 성과에 영향을 끼치지 않는 것으로 가정하고 연령을 분석에서 제외하였다.[14] 유정미의 분석에서 연령을 통제하지 않은 이유는 아마도 연령과 성별 효과의 밀접한 관련성 때문일 것이다. 대졸 직후 노동시장의 성별 연령 격차는 남성의 군 의무복무라는 장치에 의해 제도적으로 발생한다. 연령을 통제하면 연령 효과가 성별 효과를 흡수하여 성별 격차를 과소 추정하게 된다.

그런데 노동경력 초기에 연령을 통제하지 않은 성별 효과를 어떻게 해석할지는 명확하지 않다. 여기에는 두 가지 해석의 가능성이 있다. 하나는 20대 때는 1~2년의 작은 연령 격차에도 성실성, 심리적 안정성 등 인간적 성숙도에 큰 차이가 있고, 이러한 차이가 노동시장에 잘 알려져 있다는 것이다. 설사 노동시장에 들어온 대학 졸업자 개인의 성격이 고용주에게 직접 관찰되지 않는다 할지라도, 인사담당자들이 경험적으로 이러한 경향을 알고 있다면 채용 시 연령에 기반한 통계적 차별(statistical discrimination)을 할 수 있다.[15] 고용주가 차별의 의도가 없지만, 누가 더 오랫동안 열심히 일할지, 누가 더 성숙한지 지원자 개인에 대한 정보가 부족하기 때문에 나이 어린 여성보다 2~3살이 많은 남성을 선호하는 경향을 말한다. 복학생 출신의 남성을 선호하는 게 합리적인 선택이 된다. 연령과 군복무가 인간적 성숙도의 대리변수로 작동하는 것이다.

다른 가능성은 연장자를 중시하는 유교문화의 연령차별주의(ageism)가 성차별 기제의 하나로 작동하는 것이다. 여성에 대한 직접적 차별은 이데올로기적으로 정당화될 수 없지만, 연령차별주의는 한국사회에서 문화적으로 받아들여지고, 대졸자의 연령에 성별로 체계적인 격차가 있기 때문에 연령을 이용하여 노동시장에서 여성을 차별하는 것이다. 이 경우 연령과 군복무가 성숙도의 대리변수가 아니라 여성을 배제하기 위한 정당화 기제로 이용된다. 고용주의 성별 선호에 의한 여성차별이 연령차별주의로 발현되는 것이다.[16] 자료의 한계로 인하여 본 연구에서 이 두 가지 가능성을 엄밀히 구분하여 검증하지는 못한다. 하지만 연령효과가 인간적 성숙도의 대리변수로서 작동한다면, 연령이 같을 경우 성별 격차가 발생하지 않을 것이다. 이에 반해 연령효과가 성차별기제의 하나로 작동한다면 고연령에서 성별소득격차가 상대적으로 더 높을 것이다. 후자의 경우 여성의 고연령은 인간적 성숙의 척도가 되지 않고 남성의 상대적 고연령만 성숙의 척도로 작용하는 것이다.

2) 인적자본의 성별 분포 격차와 소득 격차

경력 단절 이전의 성별소득격차를 설명하는 가장 대표적인 이론은 인적자본의 성별 격차이다. 특히 대학 전공의 성별 분리(sex segregation in fields of study)는 전 세계적으로 공통적으로 관찰된다.[17] 전공의 성별 분리가 대졸 남녀 소득 격차의 1/4에서 1/2을 설명한다는 것이 기존 연구 결과이다.[18] 전공에 따른 소득 격차는 상당히 커서 고졸과 대졸의 평생 소득의 격차보다 대학 졸업자 내에서 전공에 따른 격차가 더 크다.[19] 한국에서도 남학생이 공학 부문에 집중되어 있는 반면, 여학생은 교육이나 인문학에 상대적으로 더 집중되어 있다.[20] 공학 전공의 소득이 타 전공의 소득보다 높기 때문에, 여성의 낮은 소득이 성별에 다른 전공 분리의 결과일 수 있다.[21]

하지만 대학 전공의 성별 분리가 대졸자의 성별소득격차를 모두 설명하는 것은 아니다. 같은 전공 내에서도 성별소득격차는 상당한 수준이며,[22] 전공을 포함한 교육 관련 변수를 모두 통제해도 20대 대졸자 성별소득격차의 절반도 설명하지 못한다는 연구도 있다.[23] 한국에서 대졸 직후 노동시장에서 성별소득격차가 전공의 분포 차이에 기인하는지, 같은 전공 내 격차에 기인하는지는 이론적 추론이 아니라 경험적 연구로 검증되어야 할 질문이다.

엘리트 대학과 기타 대학의 격차도 전공에 따른 격차와 더불어 고등교육 제도 내에서 소득 격차를 만들어내는 주요 요인이다. 그 원인에 대해서는 여러 논란이 있으나, 대학의 명성과 노동시장 소득은 정의 상관을 보인다. 고등학교 학업 성취도의 차이든, 가족 배경의 격차든, 지원자의 선택 요인이든, 엘리트 대학 진학 확률에 성별 격차가 있다면 대학 졸업 후 노동시장에서 성별 격차를 야기할 수 있다. 미국 사회의 경우 가족배경이나 학업성취도가 비슷할 경우 남학생이 여학생보다 엘리트 대학 진학 확률이 높다.[24]

한국도 상황은 비슷하다. 여학생의 성적이 남학생을 넘어섰다고 회자되고 있으나, 서울대 합격자 중 여성의 비율은 2007년에 들어서야 처음으로 40%를 넘어섰고, 2017년 기준 학부 재학생 중 여학생의 비율은 35.8%이다.[25] 한국의 대학 순위가 학생의 입학 성적에 좌우되고, 입학 성적을 통제한 후에 대학 전공이 일자리에 끼치는 영향은 적기 때문에,[26] 성별소득격차 측정에 출신 대학의 질을 고려하는 것은 매우 중요하다. 전공이나 대학의 종류(즉, 4년제나 2년제)를 살펴보는 것만으로는 부족하다.

3) 노동시장의 수요 요인으로 인한 성별 소득 격차

앞서 논의한 경력단절과 인적자본은 노동 공급 요인, 그 중에서도 노동시장 진입 이전에 획득된 성질로 성별소득격차를 설명하는 이론이다. 성별 격차는 이러한 요인에 더하여, 노동시장 진입 당시 개인의 선호에 의한 공급 요인과 노동 시장에서의 수요 요인에 의해서도 발생한다. 여성이 노동시장 진입 당시부터 결혼과 출산 후 조기은퇴를 염두에 두고 있다면, 지속적 근무 가능성보다는 전환의 용이성을 중시할 것이다. 장시간 노동이 일상화된 한국에서 성별로 일과 생활의 균형점에 차이가 있을 수 있다.

실제로 선호하는 직업 유형에서 성별로 격차가 있다.[27] 하지만 대기업이나 정규직, 고학력을 요구하는 직업 등 사회적 인정을 받는 직업에 대한 대학생의 직업 선호는 여학생이 남학생보다 높고, 남학생은 특정 직업 선호가 없는 비율이 상대적으로 높다. 이는 고소득 직업에 대한 선호는 남학생보다 여학생이 높다는 것을 의미한다. 직업 선호는 성별뿐만 아니라 가족 배경(부의 소득), 대학 계열에 따라서도 차이가 난다. 따라서 가족 배경과 세부 전공을 통제한 후의 직업 선호 성별 격차는 설사 있다 할지라도 매우 작을 것이다.

공급 요인과 수요 요인을 통합하여 노동시장에서의 성별분포격차로 성별소득격차를 설명하는 대표적인 설명이 성별직업분리(Occupational Sex Segregation) 이론이다.[28] 여성 노동자 공급 과잉으로 여성 선호 직업의 평균 임금이 낮아지고 그로 인해 성별소득격차가 발생한다는 것이다. 그런데 직업, 산업, 고용형태 등 노동시장 내부에서의 성별분리는 그 자체로 노동시장의 결과이다. 성별소득격차 측정 모형에 노동시장 결과 변수를 모두 통제하는 것은 과잉통제(over−control)의 문제를 야기한다.[29] 예를 들어, 같은 학교 같은 과를 졸업했더라도 차별 때문에 여성은 낮은 지위의 사무행정직에 남성은 전문직에 취업하게 된다고 가정해 보자. 이런 경우에 같은 직업 내에서 성별 격차를 보면 성별격차가 없는 듯이 보인다. 하지만 이런 분석은 직업분리라는 차별을 억지로 가리는 눈가림 분석이 된다.

여성의 소득 불이익은 노동시장의 성별 진입 장벽으로 인한 분포의 차이와, 동일 일자리 내에서의 여성차별 모두에 의해 발생한다. 여성은 좋은 일자리 진출의 기회가 막혀 있는데, 비슷한 일자리 내에서의 성별 격차만 측정한다면 노동시장 진입에서의 여성 차별을 반영하지 못하는 문제가 있다.

2. 어떻게 분석할 것인가?

본 연구의 분석은 고용노동부의 한국고용정보원에서 실시한 2008~2015 대졸자직업이동경로조사(GOMS)를 이용하였다. 일반공개 GOMS 자료에 한국고용정보원에서 제공하는 접근제한 자료인 각 응답자의 졸업 대학명을 연계하였다. 이 자료에는 구체적인 졸업 대학, 세부 전공, 학점, 자격증 보유 여부, 어학 연수 여부, 재학 중 아르바이틀 했는지 여부, 자격증이 있는지, 인턴 경험은 있는지 등 입사 원서에 쓰여진 내용보다 더 자세한 정보를 제공한다. 여기에 출신 고등학교의 지역, 과학고나 자사고 등 출신 고등학교의 유형 자료도 제공한다. 출생지와 대학 입학 당시의 부모의 소득, 현재의 거주지 등 가족 배경에 대한 풍부

한 자료도 제공하고 있다. 현재 한국에서 구할 수 있는 어떤 데이터보다 더 구체적이고 정밀한 변수를 제공한다.

이 자료를 이용하여 같은 학교 같은 과를 나오고 다른 모든 경력이 비슷할 때 졸업 직후에 여성이 남성에 비해서 소득이 어느 정도 많거나 적은가를 체크하고자 한다. 일반적으로 졸업 직후의 소득격차는 경력이 쌓인 이후의 소득 격차보다 작다. 미국의 사례에 따르면 성별 격차, 인종별 격차 모두 노동시장 경력 초기에 작고, 경력이 쌓일수록 커진다. 한국은 성별소득격차 확대의 상당 부분이 여성의 경력단절에 기인한다고 보는 경향이 있다. 그렇다면 경력 단절 이전에서는 성별소득격차가 없거나 있더라도 매우 작아야 할 것이다. 경력 단절 이전, 졸업 직후의 소득에서 성별격차가 존재한다면 이는 한국 노동시장에서 여성에 대한 차별이 존재하고, 여성이 노동시장에서 약자라는 증거가 된다.

분석 대상은 현재 대학원이나 기타 학교에 등록되어 있지 않고, 소득이 있는 21~29세의 응답자로 한정하였다.[30] 예외적 사례가 전체 결과를 왜곡시키는 것을 막기 위하여 월소득이 1억원 이상인 경우도 분석에서 제외하였다. 남성 중 군면제를 받지 않은 군미필자도 분석에서 제외하였다. 이들은 군입대를 앞두고 있어 대학 졸업 직후의 소득이 교육과 기타 인적자본의 효과를 충분히 반영하지 못할 가능성이 높다. 여성 중 군복무 경험이 있는 소수의 경우도 분석에서 제외하였다. 혼인과 출산은 경력단절로 인한 여성의 소득 감소와 밀접히 관련되어 있기 때문에 혼인을 했거나 자녀가 있는 경우 남녀 모두 분석에서 배제하였다. 따라서 본 연구에 포함된 대상은 경력단절과 무관하다. 분석 방법은 통계에서 가장 많이 쓰이는 다변량 회귀분석(Ordinary Least Square, OLS)을 실시하였다. 구체적인 분석 방법에 대해서는 <부록 1>을 참고하기 바란다.

3. 대졸 청년층의 졸업 직후 성별소득격차

본격적으로 성별소득격차를 보기 전에 성별로 인적자본과 노동시장 성취가 어떻게 다른지 살펴보도록 하자. 대학 졸업 직후 남성의 월평균 소득은 216만원으로 여성의 평균 소득 173만원보다 43만원, 20% 많다. 노동자 1천명 이상의 대기업에 근무하는 남성은 30%인데, 여성은 23%이다. 시간제 근무자 비율은 여성이 남성의 2배 가까이 높다. 4대 보험에 가입되어 있고, 평균 이상의 월급여가 지급되는 정규직 일자리를 괜찮은 일자리로 규정하면, 대졸 2년 이내 20대 청년층 남성의 39%가 이러한 일자리를 가지고 있지만, 여성은 그의 절반인 20%만이 그런 일자리를 가지고 있다.

하지만 기술통계로 확인되는 성별 격차가 곧 여성에 대한 차별이나 구조적 불이익을 의미하는 것은 아니다. 인적자본 변수에서 확실한 성별 차이가 있다. 여성은 2년제 대학 졸업자의 비율이 남성보다 5.1%포인트 높고, 4년제 대학 졸업자 비율이 6.7%포인트 낮다. 전공 분포에서도 분명한 성별 격차가 있어, 남성의 43%가 공학을 전공했지만, 여성은 그 비율이 9%에 불과하다. 여성은 특정 전공에 집중되어 있기보다는 여러 분야에 골고루 분포되어 있다. 상위 20위권 4년제 대학을 졸업한 남성(15.0%)의 비율이 여성(12.9%)보다 조금 높다. 졸업한 고등학교의 계열도 성별 격차가 크다.

남성은 4년제 대학 졸업에 평균 7.0년이 소요되었는데 여성은 4.8년으로 남성이 2.2년 이상 더 걸린다. 이러한 영향으로 대졸자의 평균 연령은 남성이 여성보다 2.5세 높다. 남성의 89.4%가 현역으로 군복무를 마쳤고, 2.7%가 군복무를 면제받았다. 본 연구의 주 관심은 이러한 인적자본의 성별 차이가 여성의 노동시장 불이익을 설명할 수 있는가이다.

[그림 3.1]은 주 분석 결과이다(이 분석의 구체적인 통계 모델은 <부록 2>를 참고할 것). 기초 모델에서 가족배경과 기술적 변수만을 통제했을

때, 대학 졸업 직후 여성의 월소득은 남성보다 19.8% 낮다. <모형 2>에서 370개 졸업대학, 205개 세부 전공, 학점, 해외 어학 연수 여부, 출신 고등학교의 계열 등 관찰가능한 모든 인적자본 변수를 통제한 후 여성의 불이익이 얼마나 줄어드는지 측정하였다. <모형 2>에서 통제한 인적자본 변수는 기업 신규 채용 시 제출되는 인적자본 정보와 다름이 없거나 오히려 더 광범위하다. 입사지원서 자기소개서 내용에 체계적인 성별 격차가 존재한다고 가정하지 않는 이상, 여성에 대한 차별이 없다면 <모형 2>의 인적자본 변수 통제 후 성별 소득 격차는 통계적으로 0으로 바뀌어야 한다. 하지만 <모형 2>에서 여성의 불이익은 −17.4%로 기본 모형에 비해 단지 2.4% 포인트 줄어들 뿐이다. 가족 배경뿐만 아니라 출신대학과 전공 등 모든 인적자본 능력이 같을 때 대학 졸업 직후 여성의 소득이 남성보다 17.4% 적다. 전공의 성별 분리나 교육 수준 격차가 설명하는 여성불이익의 비중은 매우 작고, 같은 학교 같은 전공일지라도 여성은 노동시장에서 상당히

그림 3.1 대졸 직후 남성대비 여성의 소득

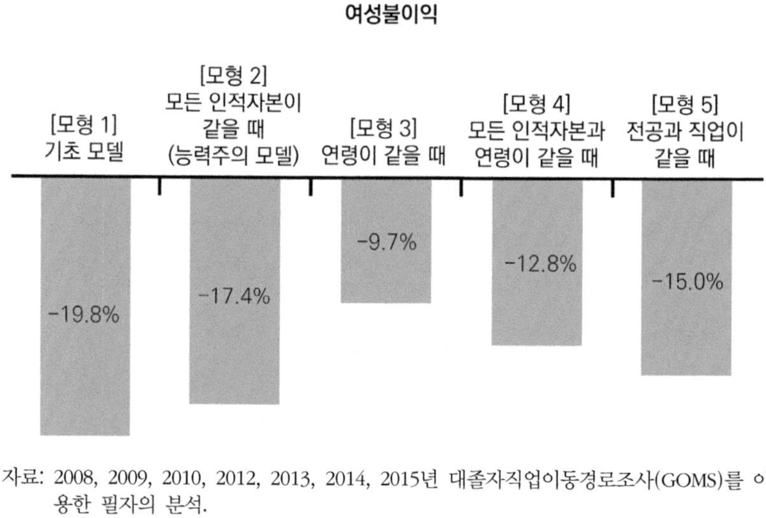

자료: 2008, 2009, 2010, 2012, 2013, 2014, 2015년 대졸자직업이동경로조사(GOMS)를 이용한 필자의 분석.

큰 소득불이익을 겪고 있다.

그런데 대학 졸업 직후 성별 평균 연령이 다르다. <모형 2>에서 인적자본 변수의 통제 없이, 연령만 통제했더니 여성 불이익이 −9.7%로 감소하였다. 이는 여성의 소득이 남성대비 10% 정도 낮다는 것으로, 통계적으로 유의하고, 여성 불이익 정도도 여전히 크지만, 기본 모형에 비해 절반 이상 여성 불이익이 감소한 것이다. 학교와 전공, 자격증 등 모든 인적자본 변수가 단지 2.4%포인트의 여성 불이익을 설명할 뿐인데, 연령변수 한 가지가 여성 불이익의 절반 이상을 설명한다는 것은 놀라운 결과이다.

앞서 논의하였듯 청년층에서 성별 격차를 설명하는 연령 효과에는 두 가지 가능성이 있다. 하나는 통계적 차별이고, 다른 하나는 연령차별주의가 성차별 기제의 하나로 작동하는 것이다. 본 연구에서 두 가지 가능성을 엄밀하게 검증할 수는 없으나, 각 연령별 성별 격차를 측정함으로써 어느 가능성이 더 큰지를 가늠해볼 수 있다. 연령이 성숙도 등을 반영하는 지표일 뿐이라면, 연령이 같을 때 성별 격차는 없어야 한다. 하지만 연령이 성차별을 정당화하는 기제로 작동한다면, 연령이 높아질수록 성별 격차는 커질 것이다. 즉, 같은 대졸자라도 나이 많은 복학생 남성을 선호하는 이유가 여성 차별이 아니고 연령에 기반한 통계적 차별의 부수적 효과라면, 각 연령별 모형에서 인적자본 통제 후 여성 효과는 통계적으로 유의하지 않게 바뀔 것이다. 설사 다소간의 여성 불이익이 있다 할지라도 연령과 여성 불이익 간에 특정한 상관성이 없을 것이다. 하지만 연령주의가 성차별 이데올로기 기제의 하나로 작동한다면 인적자본을 통제하고 각 연령별로 별도의 모형을 측정해도 여전히 여성 계수 값의 크기가 통계적으로 유의하게 클 것이고, 저연령층보다는 고연령층에서 남녀 격차가 더 크게 벌어질 것이다.

[그림 3.2]는 각 연령별로 모든 인적자본 변수를 통제한 후 여성의 불이익 정도를 측정한 것이다. 위의 모든 대학 졸업자를 포함한 것이

고, 아래 그래프는 2년제 대학과 4년제 대학을 분리하여 측정한 것이다. [그림 3.2]에서 나타나듯 여성의 불이익은 21, 22세를 제외하고 통계적으로 유의하며, 불이익 정도가 연령이 높아진다. 인적자본을 통제한 후 23세에 여성의 소득불이익은 동일 연령 남성에 비해 평균 14.6%지만, 29세가 되면 불이익은 21.8%로 커진다. 즉, 같은 학교 같은 과를 졸업했더라도 남녀가 연령이 같으면 20대 중반보다는 20대 후반에서 성별소득격차가 크다는 것이다. 대학유형에 따라 나눠보면 4년제는 29세 때 동일 연령, 동일 인적자본 남성 대비 여성의 소득 불이익이 22.1%이고, 2년제는 26.7%에 이른다. 이러한 결과는 연령효과가 성별과 관계없이 중립적으로 작용하는 것이 아니라, 여성차별의 한 기제로 작동한다는 것을 함의한다.

혹자는 한국에서 대학 졸업 노동자의 특성은 연령보다는 대학 입학 학번으로 살펴야 한다고 주장할 것이다. 20대 후반 남성은 군복무라는 대학 졸업이 늦어지는 정당한 이유가 있지만, 여성은 그런 이유가 없기 때문에 고연령 여성 고용을 꺼릴 수 있다는 것이다. 이러한 가능성을 검증하기 위하여 대학 입학 연도 코호트별로 분석한 결과가 [그림 3.3]이다. 보다시피 같은 학교 같은 전공 동기생이라 할지라도, 여성의 소득은 남성보다 9.5~18.9% 정도 낮다. [그림 3.3]에서 한 가지 더 확인되는 점은 최근 입학 코호트의 여성 불이익이 그 전의 코호트보다 작지 않다는 것이다. 지난 10여년 간 대졸자의 여성 불이익이 감소하는 경향이 보이지 않는다.

연령효과가 여성에게 특히 더 불리하게 작용한다는 것은 [그림 3.1]의 <모형 4>에서도 확인된다. <모형 2>에서 인적자본이 여성불이익의 일부를 설명하고, <모형 3>에서 연령효과가 여성불이익을 상당히 설명한다. 두 변인이 독립성을 가진다면 두 변인을 모두 통제한 <모형 4>에서 여성 계수 값은 더욱 줄어들어야 한다. 하지만 여성 불이익은 <모형 3>보다 <모형 4>에서 크다. 연령만을 통제했을 때 보다 인적자본과 연령효과를 같이 통제했을 때 여성의 불이익이 줄어드는 것이 아니라 오히려 커진다. 이상의 결과는 경력 단절 이전 20대 청년층에서도 여성이 남성 대비 노동시장에서 크게 불리한 위치에 있고 그 원인이 여성차별일 가능성이 농후함을 나타낸다.

[그림 3.1]의 결과가 휴학 기간이 길거나 대학 입학 이전에 뭔가 다른 사회적 경험이 있는 응답자들의 특수성에 기인할 가능성을 추가로 점검해 보기 위해, 분석 대상을 여성은 2년제 대학을 2~4년 사이에, 4년제 대학을 4~6년 사이에 졸업한 경우로 한정하고, 남성은 군복무를 마치고 2년제 대학을 4~6년 사이에, 4년제 대학을 6~8년 사이에 졸업

그림 3.2 연령별 인적자본 통제 후 여성 불이익

(가) 전체

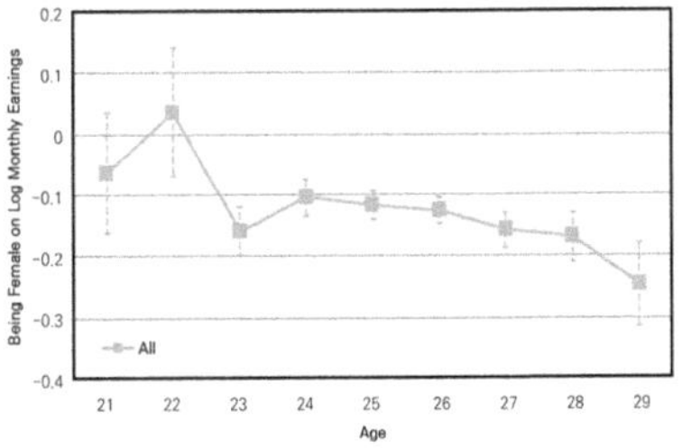

(나) 2년제/4년제

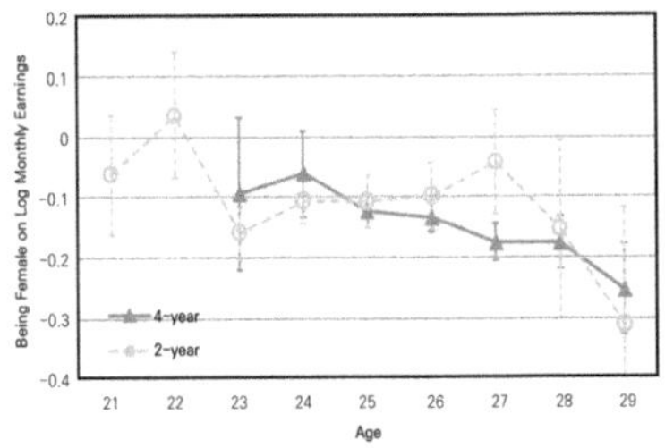

그림 3.3 대학 입학 연도별 인적자본 통제 후 여성 불이익

(가) 전체

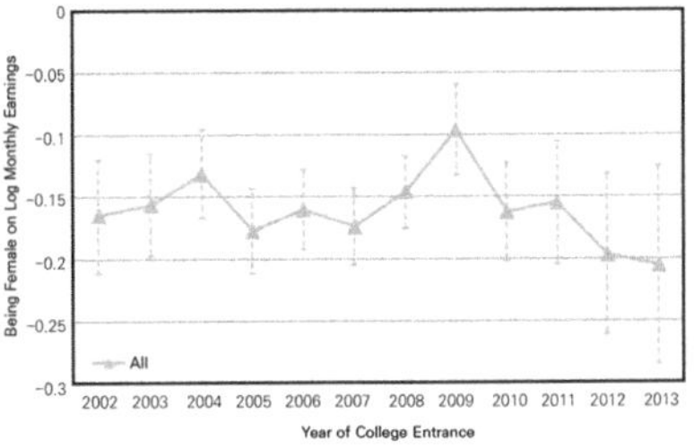

(나) 2년제/4년제

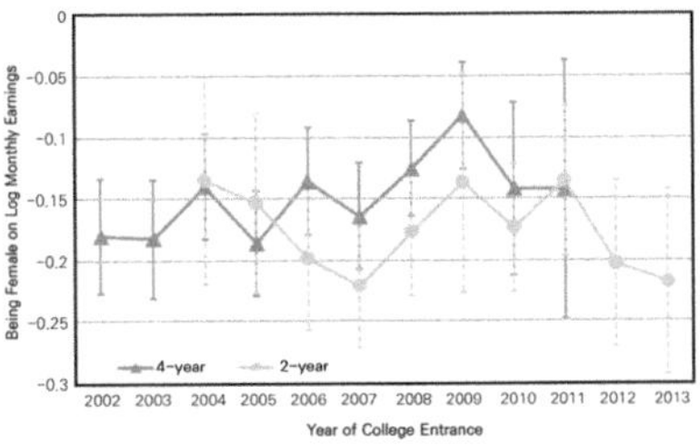

자료: 2008, 2009, 2010, 2012, 2013, 2014, 2015년 대졸자직업이동경로조사(GOMS)를 이용한 필자의 분석.

참조: 인적자본 변인은 대학명, 세부 전공, 대학 위치, 대학 평균 학점, 대학 평균 학점 결측 여부, 해외 어학 연수 여부, 자격증 보유 여부, 대학 재학 중 아르바이트 경험 여부, 대학 재학 중 인턴 경험 여부를 포함. 서베이 연도와 대학 졸업 연도 또한 통제됨.

한 경우로 제한하여 봤다. 면제, 의가사 제대, 병역 특례 등 군복무를 마치지 않은 모든 경우를 제외하였다. 그리고 [그림 3.1]과 동일한 분석을 하였지만, 그 결과는 [그림 3.1]과 거의 다르지 않다. 대학 졸업 직후 여성의 소득불이익은 특수한 사례 때문에 왜곡된 것이 아니라, 대졸 여성이 겪는 일반적 문제다.

4. 대학 졸업 직후 성별소득격차를 낳는 노동시장 기제

그렇다면 대학 졸업 직후 여성이 경험하는 이러한 불이익을 낳는 메커니즘은 무엇인가? 우선 성별분리가 여성불이익을 얼마나 설명하는지 알아보자. 서구에서의 성별 소득 격차의 대부분은 대학 전공이나 직업의 성별분리에 의해서 설명된다. 그 이유가 무엇이든, 서구에서는 남성은 공학을 전공하고 엔지니어가 되는데, 여성은 인문학을 전공하고 행정직에 종사하는 게 성별 소득 격차의 주요 메커니즘이다. 한국에서도 그런지 알아보기 위해서 [그림 3.1]의 <모형 5>에서 직업과 전공이 같고, 고등학교 계열도 같은 때 성별 소득 격차가 사라지는지를 살펴보았다. 다른 나라와 달리 성별격차는 여전히 15%로 높게 나타난다. 전공과 직업의 성별 분리를 모두 감안해도 기본 모형 대비 여성 불이익이 전체 불이익의 26%만 설명될 뿐이다. 대부분의 여성 불이익은 전공이나 직업이 달라서가 아니라 같은 전공, 같은 직업 내부에서 발생한다. 성별직업분리가 성별소득격차의 가장 큰 원인이라는 타국가의 경험과는 상당한 차이가 있다.

그렇다면 노동시장 진입 초기에 불리한 지위로 할당(labor market allocation)되기 때문인가, 아니면 같은 일자리에서 차별(within-job discrimination) 받기 때문인가? [그림 3.1]의 결과에 더하여 추가 분석에서 인적자본, 연령에 더하여 모든 노동시장 변수를 통제하여 보았다. 노동시장 변수는 직업, 산업뿐만 아니라, 고용의 안정성과 일자리의 질도 포함한다. 이 모형에서 여성 불이익은 7.6%로 기본모형에 비해 여성불이익이 크게 줄어든다. 이러한 축소는 노동시장 할당기제의 전체 효과로 해석할 수 있다. 이 결과는 노동시장에서 여성불이익을 낳는 기제는 주로 일자리 할당에 의한 것이고, 같은 일자리 내에서의 차별은 크지 않다는 것을 의미한다.

그런데 이러한 해석은 몇 가지 주의를 요한다. 본 연구에서 기업규모를 포함한 노동시장의 다양한 변인을 통제했지만, 노동시장의 격차는 기업규모뿐만 아니라 개별 기업에 따라서도 달라진다. 노동시장 소득격차의 대부분이 기업 간 격차로 설명되고, 그 중요도가 더 커지고 있다.31) 따라서 전체모형에서도 남는 성별소득격차를 동일기업 동일노동에도 불구하고 여성이 차별받는 증거로 볼 수는 없다. 개별기업 효과를 포함한 노동시장 할당 효과는 추가 연구를 통해서 측정되어야 할 것이다.

마지막으로 군복무 형태를 통제하여 보았다. 일부에서는 성별소득격차가 군복무에 따른 호봉제 때문이라고 믿는 경향이 있다. 과연 그럴까? 군복무 형태는 어느 집단을 준거집단으로 삼느냐에 따라서 여성효과의 비교 집단이 달라진다. 군면제자를 비교 집단으로 삼으면, 여성불이익은 4.5%다. 이 모형에서 중요한 것은 성별격차보다는 군면제 남성 대비 현역 군복무 남성의 소득이다. 군복무기간을 경력에 산정하는 호봉제가 작동한다면 군면제 남성 대비 현역 제대자의 소득은 더 높을 것이다. 실제로 현역 제대자의 소득은 면제자보다 4% 정도 높다. 비록 통계적으로 유의하지만 효과의 크기는 작다. 면제자와 현역 제대자의 격차는 군경력 호봉 효과뿐만 아니라 건강 격차와 노동시장에서의 군필 남성 선호 효과도 포함되어 있을 것이기에, 호봉제의 순효과는 4%보다 작을 것이다. 이로부터 군경력에 의한 호봉효과로 설명할 수 있는 성별소득격차는 작다는 것을 유추할 수 있다.

성차별적 노동시장 할당이 성별소득격차의 주원인임을 추가로 검증하기 위하여 노동시장 부문별로 추가 분석을 하였다. 대부분의 공무원과 교사 채용은 임용고시와 채용고시를 통해서 이루어져, 고용인이나 관리자의 자의적 결정이 개입할 여지가 작다. 월소득도 법률적 경력 가산에 따른 호봉제의 결과이다. 이 부문에서는 앞서 논의한 연령차별주의나 노동시장 할당에 따른 성별격차가 존재하기 어렵다. 따라서 이 부문에서 발생하는 격차는 여성에 대한 차별이 아닌 본 연구에서 사용한 자료에서 관찰되지 않은 성별 선호의 차이에 의한 선택 편향 효과로 볼 수 있다. 정부와 교육 부문의 성별 격차가 앞서 분석한 전체 20대 남녀의 성별 격차와 유사하다면 20대의 성별 격차는 차별이 아닌 성별 노동시장 선호의 차이로 간주할 수도 있다. 다른 한편 여성에 대한 차별이 주로 사적 부문에서 이루어진다면, 공적 부문과 사적 부문을 모두 포함한 [그림 3.1]의 결과는 여성 불이익을 다소 과소 계상하는 편향을 가질 수 있다. 사기업에서의 여성 차별이 더 클 수도 있다는 것이다. 이러한 점들을 살펴보기 위해 정부와 교육 부문, 그리고 민간 부문을 분리하여 분석하였다. [그림 3.4]가 그 결과이다(구체적인 통계 결과는 부록표를 참고하라).

우선 정부와 교육 부문을 살펴보면, [그림 3.4]의 <모형 1>에서 여성의 불이익은 2.6%로 비록 통계적으로는 유의하나 미미한 수준이다. <모형 2>에서 인적자본 변수를 통제하면 여성의 소득 불이익이 8.1%로 커진다. 여성 불이익 정도가 커지는 이유는 출신 대학이나 전공 면에서 남성보다 기대 소득이 높은 여성들이 공무원이나 교사로 더 많이 진출했기 때문일 것이다. 민간 부문에서 여성차별을 인지한 능력 있는 여성들이 공적 부문 진출에 남성보다 더 적극적으로 나서는 긍정적 선택 편향(positive selection bias)의 결과일 가능성이 높다.

<모형 3>의 결과를 보면 동일 연령이면 여성의 소득이 남성보다 더 높다. 대부분의 남성이 군복무로 인하여 학업을 중단하는 기간이 있지만, 여성은 그렇지 않다. 동일 연령대에서 남성보다 여성이 공무원 시험을 준비할 기간이 길었을 것이다. 그 때문에 동일 연령대에서 여

그림 3.4 부문별 대졸 직후 남성대비 여성의 소득 격차

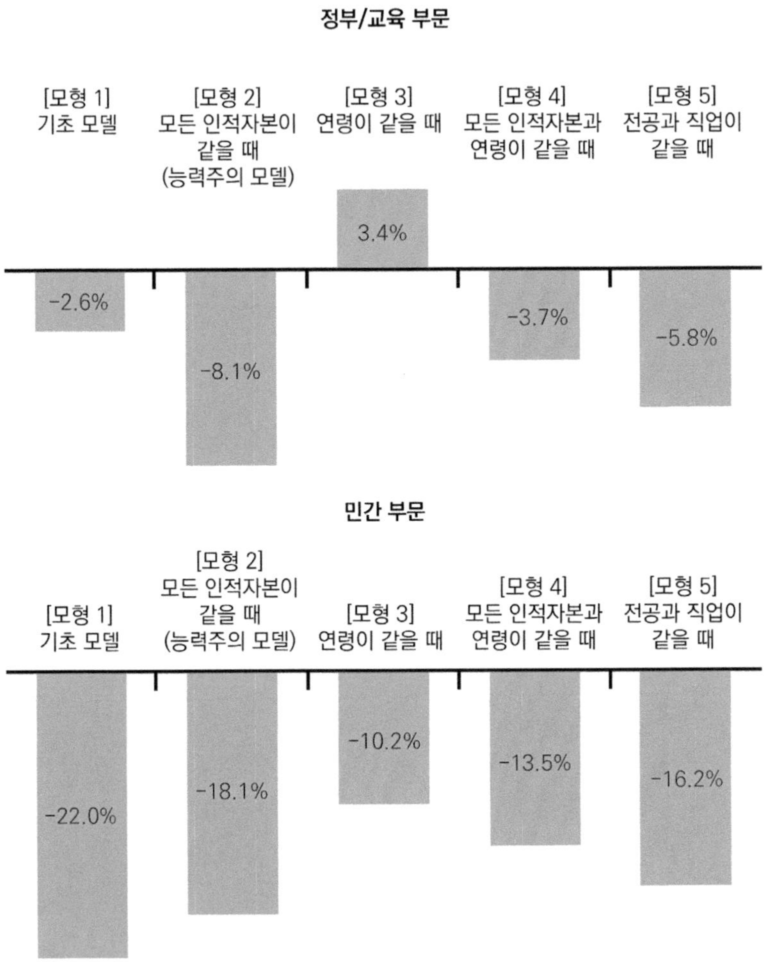

자료: 2008, 2009, 2010, 2012, 2013, 2014, 2015년 대졸자직업이동경로조사(GOMS)를 이용한 필자의 분석.

성이 남성보다 직급이 높은 공직에 진출했을 가능성이 있다. 이는 군복무로 인해 남성이 공무원 부문 진입에 여성보다 다소 불리한 위치에 있을 가능성을 암시한다. 군필자에게 부여되는 가산점 효과를 제외한

모든 효과를 통제하면 정부와 교육 부문에서 여성의 소득 불이익은 3% 미만이다. 이 결과는 여성에 대한 차별이 없고, 군복무로 남성이 불이익을 당한다면 동일 연령대 20대 청년층에서 여성의 소득이 높은 것이 자연스럽다는 의미이다. 다른 한편, 이 결과는 [그림 3.1]의 성별 격차가 차별의 결과일 가능성이 크다는 것의 간접적 증거이다.

민간 부문에서는 예상했던 것처럼, 성별소득격차가 공공 부문보다 더 크다. 공공 부문은 성별 격차가 2.6%에 지나지 않았지만, 민간 부문에서는 22.0%에 이른다. 민간 부문으로 한정해서 분석하면 전체 응답자를 대상으로 분석했을 때보다 여성불이익의 정도가 더 크다.

5. 전공 계열별로, 학교 명성에 따라 성별소득격차가 어떻게 달라지는가?

앞서 분석에서 세부 전공을 통제한 후에도 상당히 크고 통계적으로 유의한 성별 소득 격차가 관찰되었는데, 이는 성별소득격차가 성별전공분리가 아니라 같은 전공 내에서 발생한다는 것을 나타낸다. 같은 전공 내 성별소득격차의 정도를 측정하고, 전공에 따라 성별소득격차가 얼마나 차이나는지 살펴보기 위하여 추가분석을 실시하였다. 이 분석에서도 구체적인 졸업 학교 등의 인적자본 변수들을 모두 통제하

그림 3.5 전공별 여성 불이익

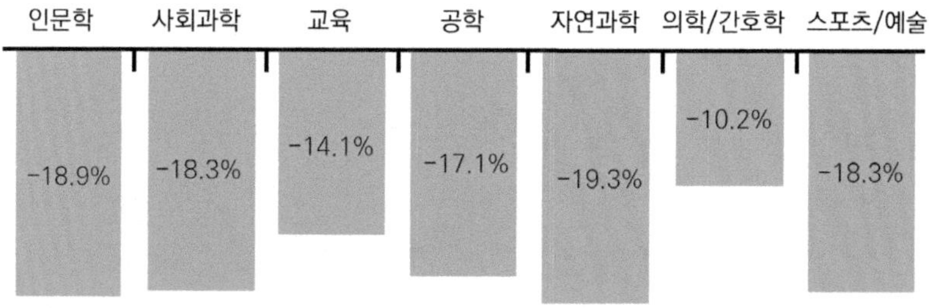

자료: 2008, 2009, 2010, 2012, 2013, 2014, 2015년 대졸자직업이동경로조사(GOMS)를 이용한 필자의 분석.

였다.

결과를 보면 7개 대분류 전공 모두에서 여성은 남성보다 월소득이 통계적으로 유의하게 낮다.[32] 다른 모든 전공에서 여성의 소득은 남성에 비해 14.1%에서 19.3% 정도 낮은 데 비해, 의료 보건 분야에서의 여성 소득은 남성 소득과 차이가 상대적으로 작다. 혹자는 의료 보건 분야의 격차는 남성은 의사가 많고 여성은 간호사가 많기 때문이라고 생각하겠지만, 세부 전공과 학교를 모두 통제한 결과라는 것을 상기하라. 의료 보건 분야를 제외한 모든 전공에서 비슷한 정도의 성별소득 격차를 보이는 것은 여성에 대한 차별이 전공분야에 관계없이 광범위하고 일관되게 이루어지고 있음을 의미한다.

이 결과에서 눈길을 끄는 것은 공학계열의 성별격차이다. 일부에서는 남성은 공학을 주로 전공하고 여성은 인문학을 주로 전공하기 때문에 성별소득격차가 크게 나타난다고 믿지만, 현실은 공학을 전공하는 여성도 다른 분과를 전공한 여성과 다를 바 없이 동일 전공 남성에 비해서 17%가 넘는 불이익을 경험하고 있다. 20대 대졸자의 성별소득격차는 전공의 성별 분리 때문이 아니다.

마지막으로 대학의 명성에 따라 성별소득격차가 어떻게 달라지는지 알아보자. 한국에서 학벌 때문에 대학의 명성이 중요하다. 전공에 관계없이 상당한 성별소득격차가 나타난다면, 다음 질문은 엘리트 대학을 나오면 성별소득격차가 작은가 여부이다. 이 질문은 여성 고용 할당제와도 밀접히 관련되어 있다. 엘리트 대학 출신 여성의 노동시장 성과가 같은 엘리트 대학 출신 남성과 다를 바 없다면, 여성 고용 할당제는 엘리트 대학 출신 여성에게 특별히 더 많은 혜택을 부여할 가능성이 높다. 이는 비엘리트 대학 출신 남성이 불이익을 당하고 있다는 근거가 될 수 있다.

엘리트 대학 출신 여성은 노동시장에서 여성불이익을 덜 경험하는지 파악하기 위해서 대학을 6개 그룹으로 분류하였다. (1) 상위 10개

그림 3.6 **대학 위계별 여성 불이익**

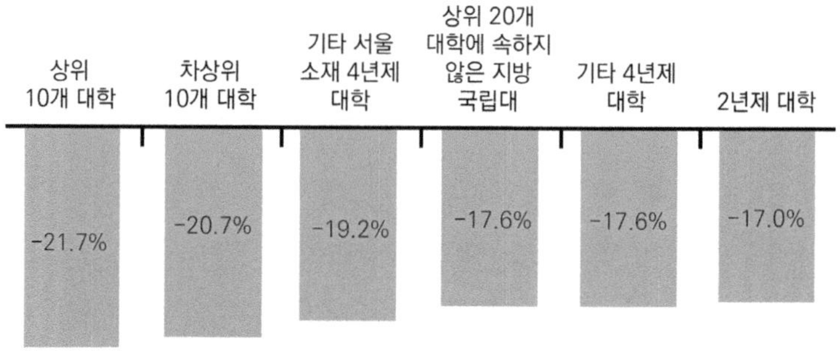

자료: 2008, 2009, 2010, 2012, 2013, 2014, 2015년 대졸자직업이동경로조사(GOMS)를 이용한 필자의 분석.

대학,[33] (2) 차상위 10개 대학, (3) 기타 서울 소재 4년제 대학, (4) 상위 20개 대학에 속하지 않은 지방 국립대, (5) 기타 4년제 대학, 그리고 (6) 2년제 대학으로 나누었다. 2년제 대학을 준거 집단으로 삼고 분석을 실시하였고, 대학의 순위에 따라 여성불이익이 어떻게 달라지는지 측정하였다. 앞의 다른 분석과 마찬가지로 이 분석에서도 전공 출신대학 등의 인적자본 변수를 모두 통제하였다.

그 결과는 [그림 3.5]와 같다. 놀랍게도 출신 학교의 위계가 높을수록 여성불이익은 더 커진다. 상위 10위권 대학을 졸업한 여성은 동일 대학을 졸업한 남성에 비해 소득이 21.7% 낮다. 차상위 10위권 대학을 졸업한 여성의 불이익은 20.7%이다. 이에 반해 2년제 대학을 졸업한 여성은 동일한 대학을 졸업한 남성보다 소득이 17.0% 낮다. 통계적 유의도를 살펴보면, 상위 10위, 차상위 10위, 기타 서울 소재 4년제 대학의 여성불이익의 정도가 2년제 대학 졸업 여성의 불이익 정도보다 통계적으로 유의미하게 크다.

상위 10위권 대학 졸업 여성의 평균 소득은 지방 소재 비국립대 출신 남성의 평균 소득과 비슷하다. 차상위 10위권 대학을 졸업한 여성도 비슷한 소득 불이익을 경험한다. 차상위 10위권 대학 졸업 여성의 평균 소득은 동일 대학 졸업 남성보다 20.7%가 낮고, 전공이 같은 2년제 대학 졸업 남성의 평균 소득과 유사하다. 엘리트 대학이 여성의 불이익을 줄여주는 것이 아니라, 오히려 엘리트 대학을 졸업한 여성은 같은 대학을 나온 남성 대비 더 큰 차별을 경험한다. 이 결과는 상위권 대학 출신 여성이 주로 혜택을 볼 가능성이 높은 여성 고용 할당제가 비상위권 대학 남성에게 이중의 불이익을 안겨주는 것이 아니라, 상위권 대학 출신 여성이 경험하는 이중의 불이익을 완화시켜주는 제도로 작동한다는 것을 의미한다.

6. 여성들이 지방근무와 초과근무를 하지 않기 때문인가?

여성들이 지방근무를 꺼리고 서울이나 수도권 근무를 선호하기 때문에 성별소득격차가 생기는 것으로 생각하는 분들도 있을 것이다. 2020년 의사정원 확대에 반대하는 의료인들의 파업에서 드러난 사실 중의 하나가 지방근무 의사가 수도권 근무 의사보다 소득이 높다는 것이다. 많은 의사들이 수도권 근무를 선호하기 때문에 지방에서 의사를 유인하기 위해서는 더 많은 봉급을 지불해야 한다. 비슷한 현상이 다른 직종에도 벌어지는데, 남성은 고소득을 위해 지방근무를 꺼리지 않지만, 여성은 설사 소득이 낮더라도 수도권이 근무하길 원해서, 성별소득격차가 발생할 수 있다. 달리 말해서, 근무지의 지역 분포 차이 때문에 성별소득격차가 생긴다는 것이다. 이 경우 남녀 간 지역 분포 차이가 없으면 성별소득격차도 사라져야 한다.

지금까지의 모든 분석에서 응답자의 출생지와 현거주지를 통제했기 때문에 이 가능성은 매우 낮다. 그럼에도 불구하고 수도권과 지방의 성별소득격차를 별도로 계산하여 보았다. 그랬더니 수도권에서의 성별소득격차는 15.7%인데, 지방에서의 격차는 19.5%였다. 여성이 지방근무를 꺼리기 때문에 성별 격차가 생기는 것이 아니다. 남성은 지방근무자에게 더 많은 혜택을 주지만, 여성은 지방근무자에게 더 적은 혜택을 준다. 여성의 수도권 집중 때문에 그나마 성별 격차가 작게 나타난다. 여성이 지역별 분포가 남성과 동일하면, 성별소득격차는 오히려 커진다.

혹자는 성별소득격차는 월급이 아니라 시간당 임금으로 봐야 한다고 주장할 것이다. 이 연구처럼 월급으로 보면 남성은 초과근무와 야근을 많이 하고 여성은 정규시간만 근무하기 때문에 생기는 초과근무 수당의 격차를 제대로 반영하지 못한다고 의심할 것이다. 노동공급의 성별 차이를 제대로 반영하지 못한다는 한편 일리 있는 주장이다. 노동공급의 가장 중요 변수는 노동시간이다. 그런데 노동시간은 한 편으로는 차별의 결과일 수 있다. 예를 들어, 여성은 단시간 아르바이트 일자리 밖에 구하지 못하고, 남성은 정규직에 취업한다면, 이 때 발생하는 노동시간 격차는 차별의 결과이다. 노동시간을 통제하면 전체 성별 격차를 제대로 파악하지 못한다.

그럼에도 불구하고 동일 노동시간을 근무하면 성별격차가 없는지 파악하기 위해서 추가 분석을 하였다. 분석대상을 전일제 고용자로 한정하고 월급이 아닌 노동시간당 소득으로 변환한 후에 동일한 분석을 진행했더니 여성의 소득 불이익은 16.3%로 나타났다. 파트타임 노동자까지 포함한 분석에서 성별소득격차가 17.4%였던 것에 비해 겨우 1.1%포인트 줄어들 뿐이다. 그 이유는 일반적인 오해와 달리 20대 후반 대졸 풀타임 근무자의 노동시간은 성별로 거의 차이가 없기 때문이다. 주간 노동시간이 남성은 42.8시간인데, 여성은 41.6시간으로 1시간 정도 밖에 차이가 나지 않는다. 성별로 노동시간에 차이가 나는 이유는 여성이 정규직 풀타임에 취업이 안되기 때문이지, 남성이 유별나게 초과근무를 많이 하기 때문이 아니다.

7. 다른 나라도 다 마찬가지 아닌가?

이 결과를 보고 상당히 큰 성별소득격차가 한국만의 독특한 결과인지 아니면 다른 나라에서도 비슷한 양상이 관찰되는지 궁금해 할 것이다. 여성의 소득이 남성보다 낮은 것은 한국뿐만 아니라 전 세계적으로 관찰되는 현상이기 때문이다. 이를 알아보기 위하여 미국의 대졸자 조사(National Survey of College Graduates)를 이용하여 대학 졸업 직후의 남녀소득격차를 측정하여 보았다. 미국에서 대학 졸업 3년 이내 노동자의 성별소득격차를 분석해 보았더니, 성별소득격차가 거의 없었다. 여기서 분석한 것처럼 많은 변수들을 통제한 것도 아니고, 인종만 통제했다. 그랬더니 성별소득격차가 0.2% 밖에 안되었다. 그것도 여성의 소득이 적은 것이 아니라 오히려 남성보다 많았다. 일부 연구에서는 미국에서도 전공에 따라 성별소득격차가 달라진다고 보고하고 있지만 소득격차가 가장 큰 전공도 8%를 넘어가지 않는다. 한국처럼 15~19%에 이르는 여성 불이익은 없다. 한국 사회에서 목도되는 대학 졸업 직후의 큰 성별소득격차는 한국만의 독특한 현상이다. 한국의 20대 여성은 경력단절 이전에도 상당히 큰 불이익을 경험한다. 노동시장 진입에 장벽을 설치하고 여성을 고의로 탈락시키는 것은 일부 회사에서만 나타난 일탈이 아니라 한국 사회에서 광범위하게 벌어지고 있는 여성차별일 가능성이 크다.

8. 결론

본 연구는 한국의 심각한 성별소득격차는 가족형성을 위한 여성의 혼인과 출산으로 인한 경력단절에 기인하고 노동경력 초기의 20대 청년층에서는 여성불이익이 존재하지 않는다는 일부의 믿음이 통계적 착시의 결과임을 보여준다. 대학 졸업 직후 경력단절 이전 성별 노동경력에 차이가 없는 20대 청년층의 소득을 분석하였고, 여러 가지 중요한 발견을 제시하였다. 정리해보자. 우선, 군복무로 인한 연령 격차 외에 다른 인적자본의 차이가 없는 대학 졸업 2년 이내의 20대 대졸 여성 노동자의 소득은 남성에 비해 19.8% 작다. 20대 청년층에서 성별소득격차가 없다는 기술통계는 남성의 군복무로 인한 성별경력격차를 제대로 통제하지 않아 생긴 잘못된 측정의 결과이다. 가족배경이나, 성별에 따른 세부 전공 차이, 출신 대학의 순위 차이, 기타 다른 모든 인적자원 변수를 통제해도 이 격차의 2.4%포인트밖에 설명하지 못한다. 같은 학교, 같은 학과, 같은 학점을 받아도 경력 초기 노동시장에서 여성의 소득은 남성보다 17.4% 낮다. 성별전공분리나 성별직업분리와 같은 분포의 차이가 설명하는 격차도 작다. 성별전공분리보다는 같은 전공 내 성별 격차가 전체 성별소득격차를 낳는 주원인이다. 대부분의 성별소득격차는 성차별기제로 작동하는 연령차별주의에 근거한 남성 지원자 선호와 그에 따른 민간부문 노동시장에서의 지위 할당의 여성차별로 설명된다. 법적 통제가 강한 정부와 교육 부문으로 노동시장을 한정하면 성별소득격차는 2.6%로 크게 축소되고, 성별소득격차가 거의 발견되지 않는다. 같은 조건의 남성 대비 여성불이익은 엘리트 대학 출신 여성이 비엘리트 대학 출신 여성보다 더 크게 겪는다. 2년제 대학 출신 여성의 소득불이익은 16.9%지만 상위 10위권 출신 여성의 불이익은 21.7%에 이른다.

노동시장에서 여성차별이 만연한 상태에서 여성의 경력단절 완화에 중점을 둔 정책은 한계가 있다. 경력초기 노동시장에서의 여성차별은 여성의 노동시장 탈락과 경력단절을 촉진하게 된다. 많은 자원을 투여하여 경력단절을 막기 위한 정책적 노력을 기울여도 노동시장에서 차별이 지속될 시에는 그 효과가 떨어진다. 성별소득격차의 축소를 위해서는 여성의 경력단절뿐만 아니라 노동시장 진입 초기의 여성에 대한 차별을 시정하는 정책 개발이 시급하다.

▌부록 1

분석 전략

다중회귀분석을 통하여 대학 졸업 후 18~24개월이 지난 시점의 월평균 소득에 대한 여성의 불이익을 측정한다.[34] 기술적 변수와 가족배경 그리고 인구학적 변수만을 통제한 기본모형에서 여성이 가지는 불이익을 측정한 후, 추가적 모형에서 소득에 영향을 끼치는 여러 변수를 통제하여 여성불이익이 얼마나 줄어드는지 측정한다. 모든 분석은 표집확률의 역수로 가중치를 부여하였고, 로버스트 표준오차(robust standard errors)로 계수 값의 유의도를 검증하였다. 본 연구에 사용된 전체모형은 방정식 ①과 같다.

$$\ln(y) = \alpha + \beta\text{여성} + \gamma\text{연령} + H^{'}\Gamma + L^{'}\Delta + X^{'}Z + \epsilon \quad \cdots\cdots\cdots ①$$

여기서 종속변수, ln(y)는 자연로그로 전환된 응답자의 월평균 소득이다. 로그 변환되지 않은 소득은 우편향 왜도(skewness)를 보이기 때문에 회귀분석의 공분산성(homoskedasticity) 가정에 위배되고, 소수의 응답자들이 극단적으로 높은 소득을 올리기에 평균의 함수인 회귀 분석의 계수값을 왜곡시킨다. 로그 변환은 이러한 문제를 해결한다. 종속변수의 로그 전환은 회귀분석의 계수값을 준거집단 대비 비율 격차로 쉽게 치환하여 해석할 수 있는 장점도 있다. 월평균 소득은 인플레이션을 조정하여 2015년 현재 값으로 바꾸었다.

주 독립변수는 여성을 나타내는 더미변수이다. β값이 여성 불이익의 크기를 나타낸다. 대학 졸업 직후 여성의 소득이 남성과 평균적으로 다르지 않다면 β값이 통계적으로 0일 것이고, 불이익이 있다면 음의 값을 가질 것이다. 기본모형에서는 조사 연도(더미 변수 6개)와 응답자가 2월 졸업자인지 전년도 8월 졸업자인지, 그리고 가족배경을 통제한다. 가족배경 변수는 (1) 출생 지역, (2) 현재 거주 지역, (3) 아버지 학력 수준, (4) 어머니 학력 수준, (5) 부모 학력 변수 결측 여부, (6) 대학 입학 당시의 가족 소득, (7) 대학 졸업 당시의 가족 소득, (8) 가족 소득 변수 결측 여부로 이루어져 있다. 이들 변수(=방정식 (1)의 행렬 X)는 모든 모형에서 통제하였다.

기본모형에 더하여 추가적 변수를 통제하고 그에 따라 여성 불이익 β값이 얼마나 변화하는지를 측정한다. 가장 중요한 통제 변수는 인적 자본이다. GOMS는 다른 어떤 조사보다도 자세한 인적 자본 변수를 제공한다. 본 연구에 포함된 인적자본 변수, 방정식 (1)의 행렬 H는 다음과 같다: (1) 구체적인 졸업대학명(총 370개 대학), (2) 세부 전공(총 205개 전공), (3) 졸업 대학 광역소재지, (4) 대학 평균 학점, (5) 대학 평균 학점 변수 결측 여부, (6) 졸업 고등학교의 종류, (7) 해외 어학연수 여부, (8) 자격증 보유 여부, (9) 대학 재학 중 인턴 경험 여부, (10) 직업 훈련 유무, (11) 대학 재학 중 아르바이트 경험 여부. 이 중 GOMS 자료의 세부 전공은 2년제, 교육대학, 4년제 대학이 별도로 코딩되어 있어, 세부 전공 변수는 대학의 종류와 전공의 상호작용을 통제한 것과 같은 효과를 가진다. 한국에서 성별 격차가 여성의 경력 단절에 의해 발생하고 경력 단절 이전 성별 격차는 인적 자본의 차이에 의해 발생한다면 행렬 H의 인적자본 변수 통제 후 β값은 통계적으로 0으로 변할 것이다.

연령변수는 다른 인구학적 변수와 같이 취급하지 않고 별도로 그 효과를 측정한다. 남성의 경우 병역 의무를 어떻게 마쳤는지가 소득에 영향을 끼치는데, 군복무 경험과 여성 변수의 다중공선성이 높고, 군복무 경험의 준거집단(reference group)을 어떻게 설정하는지에 따라 여성 변수의 준거집단이 변화하기 때문에, 군복무 경험 변수는 참고용 추가 분석에만 통제하였다.

노동시장 관련 변수(=방정식 (1)의 행렬 L)는 (1) 직업, (2) 산업,

(3) 사업체 규모, (4) 기업체 규모, (5) 사업체 형태, (6) 자영업 여부, (7) 근로시간 형태(시간제 대 전일제), (8) 임시직 여부, (9) 파견/용역근로 여부, (10) 주당이나 일당으로 받는지 여부, (11) 주당 근무 일자, (12) 주당 근무 시간, (13) 주 40시간 이상 근무 여부, (14) 재직 중인 일자리에서 건강 보험 제공 여부, (15) 고용 보험 제공 여부, (16) 장애 보험 제공 여부, (17) 재직 중인 직장에 노동조합이 있는지 여부, (18) 응답자가 노동조합에 가입했는지 여부를 포함한다.

▌부록 2

기술통계

	전체	남성 (M)	여성 (F)	격차 (F–M)
취업 여부(%)[a]	79.0	79.8	78.4	−1.4
평균 연령	25.1	26.5	24.0	−2.5
전월평균 소득(1,000원)	1,931	2,158	1,734	−424
고등학교 종류				
– 인문계: 문과	47.4	37.8	55.8	18.0
– 인문계: 이과	31.7	40.2	24.3	−15.9
– 과학고/외고	2.8	2.1	3.4	1.3
– 실업계: 상업	7.5	3.9	10.6	6.7
– 실업계: 기술	6.1	11.3	1.5	−9.8
– 기타	4.5	4.7	4.3	−0.4
대학 종류(%)				
– 2년제 대학	38.3	35.6	40.7	5.1
– 교육 대학(4년제)	1.2	0.3	1.9	1.6
– 4년제 대학	60.5	64.1	57.4	−6.7
대학 전공(%)				
– 인문학	8.9	5.7	11.8	6.1
– 사회과학	26.7	25.0	28.2	3.2
– 교육	6.4	2.4	9.9	7.5
– 공학	24.7	43.0	8.6	−34.4
– 자연과학	9.7	8.9	10.5	1.6
– 의학/약학	10.0	5.0	14.5	9.5
– 예체능	13.5	10.1	16.5	6.4
상위 20위 대학 졸업(%)	13.9	15.0	12.9	−2.0
서울 소재 대학 졸업(%)	17.9	16.1	19.6	3.5
공립 대학 졸업(%)	39.0	40.0	38.2	−1.7
대학 평균 학점	3.43	3.41	3.45	0.4
2년제 대학 졸업까지 소요 년수	3.48	4.68	2.57	−2.11
4년제 대학 졸업까지 소요 년수	5.84	7.00	4.75	−2.25
해외 어학 연수 경험(%)	13.7	13.2	14.1	0.9
인턴십 경험(%)	12.7	13.1	12.5	−0.6
자격증 취득 여부(%)	53.5	53.2	61.2	8.0

군 복무(%)				
– 현역		89.4		
– 대체 복무		4.9		
– 면제		2.7		
– 기타		3.1		
자영업(%)	2.7	3.2	2.2	−1.0
시간제 근로(%)	4.7	3.1	6.0	2.9
임시직(%)	3.0	2.5	3.4	0.9
노동자 1천명 이상의 대기업에 근무(%)	25.9	29.5	22.8	−6.8
좋은 직업[b]	28.6	39.0	19.6	−19.4
표본 수	75,337	38,523	36,814	

자료: 2008, 2009, 2010, 2012, 2013, 2014, 2015년 대졸자직업이동경로조사(GOMS)를 이용한 필자의 분석

a. 모든 응답자 대상. 여타 통계치들의 경우 소득이 있는 응답자만을 대상으로 함.

b. 좋은 직업은 4대 보험에 가입되어 있고, 평균 이상의 월급여가 지급되는 정규직 일자리로 규정함.

부록 3

대학 졸업 후 18-24개월 시 로그 전환 월평균 소득의 여성 불이익, OLS

	모형 1	모형 2 인적 자본	모형 3 연령	모형 4 인적 자본 + 연령	모형 5 성별 분리	모형 6 전체 1	모형 7 전체 2
가족배경 /인구학적 변인[a]	Y	Y	Y	Y	Y	Y	Y
조사 년도 /졸업 시기	Y	Y	Y	Y	Y	Y	Y
졸업대학종류 (2, 4년제, 교대)		Y		Y	Y	Y	Y
졸업대학명 /대학소재지[b]		Y		Y		Y	Y
세부 전공[c]		Y		Y	Y	Y	Y
졸업 고등학교 종류		Y		Y	Y	Y	Y
기타 인적자본 변인[d]		Y		Y		Y	Y
연령			Y	Y		Y	Y
직업[e]					Y	Y	Y
기타 노동시장 변인[f]						Y	Y
군복무 (준거: 면제)							Y
여성	−.221***	−.191***	−.102***	−.137***	−.163***	−.079***	−.046**
	(.003)	(.004)	(.004)	(.005)	(.004)	(.004)	(.014)
R-squared	.114	.280	.144	.284	.281	.526	.526

자료: 2008, 2009, 2010, 2012, 2013, 2014, 2015년 대졸자직업이동경로조사(GOMS)를 이용한 필자의 분석.

참조: 최종 표본 수 75,337; 괄호 안 숫자는 로버스트 표준오차(robust standard errors).

a. 가족배경/인구학적 변인: 출생지역, 현재 거주 지역, 아버지와 어머니의 학력 수준, 부모 학력 변수 결측 여부, 대학 입학 당시의 가족 소득, 대학 졸업 당시의 가족 소득, 가족 소득 변수 결측 여부.

b. 총 370개 대학. 대학 위치는 대학의 광역소재지로 측정.

c. 총 205개 세부 전공.

d. 기타 인적자본 변인: 대학 평균 학점, 평균 학점 결측 여부, 공립 대학 여부, 해외 어학 연수 여부, 자격증 보유 여부, 직업 훈련 여부, 대학 재학 중 인턴 경험 여부, 대학 재학 중 아르바이트 경험 여부.
e. 23개 더미 변인들로 직업 측정.
f. 기타 노동시장 변인: 산업(21개), 사업체 규모, 기업체 규모, 자영업 여부, 시간제 여부, 임시직 여부, 파견/용역근로 여부, 주당이나 일당으로 받는지 여부, 주당 근무 일자, 주당 근무 시간, 주 40시간 이상 근무 여부, 재직 중 일자리에서 건강보험 제공 여부, 고용보험 제공 여부, 장애보험 제공 여부, 재직 중인 직장에 노동조합이 있는지 여부, 노동조합 가입 여부.
* $p<0.05$, ** $p<0.01$, *** $p<0.001$(2 tailed)

부록 4

노동시장별 대학 졸업 후 18-24개월 시 로그 전환 월평균 소득의 여성 불이익, OLS

	모형 1	모형 2 인적자본	모형 3 연령	모형 4 인적자본 + 연령	모형 5 성별분리	모형 6 전체효과 1	모형 7 전체효과 2
가족배경/인구학적 변인[a]	Y	Y	Y	Y	Y	Y	Y
조사 년도/졸업 시기	Y	Y	Y	Y	Y	Y	Y
졸업대학종류(2, 4년제, 교대)		Y		Y	Y	Y	Y
졸업대학명/대학소재지[b]		Y		Y		Y	Y
세부 전공[c]		Y		Y	Y	Y	Y
졸업 고등학교 종류		Y		Y	Y	Y	Y
기타 인적자본 변인[d]		Y		Y		Y	Y
연령			Y	Y		Y	Y
직업[e]					Y	Y	Y
기타 노동시장 변인[f]						Y	Y
군복무(준거: 면제)							Y
I. 정부 및 교육 부문							
여성	−.026*	−.085***	.033**	−.038**	−.060***	−.027**	.033
	(.010)	(.010)	(.012)	(.005)	(.010)	(.011)	(.031)
R-squared	.036	.274	.043	.278	.278	.504	.505
II. 민간 부문							
여성	−.249***	−.200***	−.108***	−.145***	−.177***	−.089***	−.063***
	(.004)	(.004)	(.005)	(.005)	(.004)	(.011)	(.031)
R-squared	.140	.323	.182	.327	.317	.555	.555

자료: 2008, 2009, 2010, 2012, 2013, 2014, 2015년 대졸자직업이동경로조사(GOMS)를 이용한 필자의 분석.

참조: 최종 표본 수 75,337; 정부 및 교육 부문 분석의 표본 수는 10,594; 민간 부문 분석의 표본 수는 56,776. 괄호 안 숫자는 로버스트 표준오차(robust standard errors).

a. 가족배경/인구학적 변인: 출생지역, 현재 거주 지역, 아버지와 어머니의 학력 수준, 부모 학력 변수 결측 여부, 대학 입학 당시의 가족 소득, 대학 졸업 당시의 가족 소득, 가족 소득 변수 결측 여부.

b. 총 370개 대학. 대학 위치는 대학의 광역소재지로 측정.

c. 총 205개 세부 전공.

d. 기타 인적자본 변인: 대학 평균 학점, 평균 학점 결측 여부, 공립 대학 여부, 해외 어학 연수 여부, 자격증 보유 여부, 직업 훈련 여부, 대학 재학 중 인턴 경험 여부, 대학 재학 중 아르바이트 경험 여부.

e. 23개 더미 변인들로 직업 측정.

f. 기타 노동시장 변인: 산업(21개), 사업체 규모, 기업체 규모, 자영업 여부, 시간제 여부, 임시직 여부, 파견/용역근로 여부, 주당이나 일당으로 받는지 여부, 주당 근무 일자, 주당 근무 시간, 주 40시간 이상 근무 여부, 재직 중 일자리에서 건강보험 제공 여부, 고용보험 제공 여부, 장애보험 제공 여부, 재직 중인 직장에 노동조합이 있는지 여부, 노동조합 가입 여부.

* $p<0.05$, ** $p<0.01$, *** $p<0.001$(2 tailed)

CHAPTER

04

교육, 결혼과 사회이동

CHAPTER 04

교육, 결혼과 사회이동

1. 사회이동의 다섯 가지 경로
2. 가족배경, 교육과 직업
    1) 부모 교육과 자녀 교육
    2) 자녀의 교육과 자녀의 직업
    3) 아버지 학력과 자녀의 직업
    4) 아버지 직업과 딸의 직업
3. 결혼과 사회이동
    1) 가족형성
    2) 부인의 교육 수준과 남편의 직업
4. 맺음말

CHAPTER 04

교육, 결혼과 사회이동

1. 사회이동의 다섯 가지 경로

지난 반세기 동안 한국에서 이루어진 교육기회의 확대가 교육을 받은 여성들의 경제활동참가와 관련하여 큰 변화를 만들어내지는 못했다. 최근 젊은 여성들의 경제활동참가율이 높아졌지만, 세계에서 가장 높은 고등교육 진학률에도 불구하고, OECD 회원국들과 비교할 때, 아직도 여성의 경제활동참가는 매우 낮은 수준에 머물고 있다. 1990년 25-54세 한국 여성의 경제활동참가율은 54.2%로 스웨덴에 비해서 36.5% 포인트 낮았고, 미국에 비해서도 19.8% 포인트 낮았다. 일본과 비교해서도 10% 포인트 정도 낮았다. 이후 여성들의 경제활동 참가가 늘어나면서, 여성경제활동참가율도 지속적으로 상승하여, 2017년에는 66.6%까지 증가하였다. 1990년에 비해서는 12.4% 포인트 증가를 보여주었다. 그 결과 여성경제활동참가율에서 다른 나라들과의 격차는 크게 줄어들었지만, 여성들의 높은 대학진학률을 고려하여 볼 때, 그 격차는 여전히 크다고 볼 수 있다.

그림 4.1 주요 국가의 여성경제활동참가율, 1990-2017

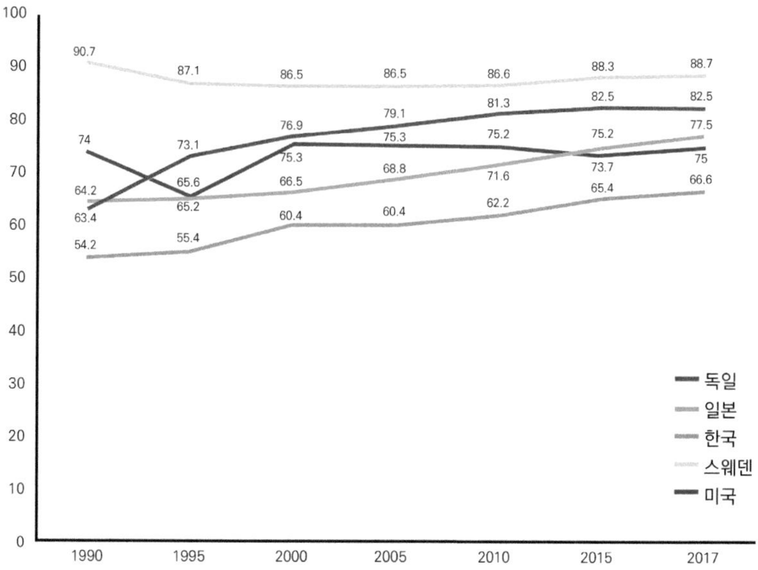

자료: OECD(2019), OECD.Stat(2019.7.5. 접속).

여성들의 경제활동참가율이 낮은 것은 노동시장에서 공급와 수요의 상호작용 결과이다. 제2장에서 본 것처럼, 수요 측면에서 여성들의 상용직 비율이 낮은 것은 한편으로는 채용과정에서 겪게 되는 여성 배제적인 고용 관행에서 그 이유를 찾을 수 있다. 민간 부문 신규채용에서는 여성보다는 남성을 우대하는 관행이 유지되면서, 여성의 취업은 상대적으로 적게 이루어졌다. 그리고 입사 이후에도 여성이 고위직으로 승진하는 것이 어려워서 고위직 내 여성 비율은 대단히 낮다. 보이지 않는 '유리천장(glass ceiling)'이 현실적으로 강하게 남아 있다. 공급측면에서 취업 단계의 여성들은 여성 배제적 고용관행이 강한 민간기업보다는 상대적으로 여성 배제가 덜한 공공기업 취업을 선호하고 있다. 주로 개인의 능력이 중시되는 시험을 통해서 취업이 이루어지는 공공부문 취업에서는 능력주의가 강조되기 때문에, 남성과 여성의 취업률에서 큰 차이가 없다.

여성들의 취업은 노동력 공급 차원의 인적 자본의 특징뿐만 아니라 노동력 수요 차원의 속성에 의해서도 영향을 받는다. 그러므로 여성들이 선호하는 일자리는 여성들이 스스로 결정하는 것이 아니라 채용을 하는 기업이나 조직의 속성에 의해서도 영향을 받는다. 그러므로 노동력 공급자의 인적 자본이 높아진다고 해서, 곧바로 인적 자본이 많은 사람들이 취업이 되는 것은 아니다. 이것이 여성들의 교육수준이 높아지고, 대학 진학률이 남성보다 높다고 해서, 곧바로 여성들의 고용율 증가로 나타나지 않는 주된 이유이다. 단적으로, 고용은 노동시장에서 요구하는 인적 자본의 수준과 속성이 얼마나 노동력 공급자와 잘 매칭이 되는가에 달려 있다. 그러므로 가부장제 속성이 강한 고용주의 속성이나 고용관행은 여성들의 취업에 부정적인 영향을 미친다.

한국 여성들의 경우, 고등교육을 많이 받았지만, 여성들의 1/3이 경제활동에 참여하고 있지 않다. 그렇다면, 이들 1/3의 여성들에게 교육은 어떤 의미로 받아들여지는가? 교육이 경제적인 차원에서 경제활동과 관련된 인적 자본으로만 기능하는가? 대학진학의 의미는 경제활동을 위한 능력과 역량을 쌓는 과정일 뿐만 아니라 또 다른 사회적인 의미를 지닐 수 있다. 대학졸업이 경제활동이 아니라 사회적인 차원에서 신분적인 의미를 지니는 희소한 자격이나 자질을 갖춘 것으로 받아들여질 수 있다.

가부장제 전통이 강한 가족체제에서 교육은 남성의 경제활동과 직접 관련을 맺는다. 남성이 경제를 책임지는 역할을 담당하기 때문이다. 반면에 전업 주부로 살아가는 여성들이 많은 사회에서 교육은 고용보다는 또 다른 의미의 사회적 자본으로 기능한다. 여성들의 고등교육은 남성과 다르게 취업에 필요한 역량과 관련된 요소가 아니라 배우자 선택에서 영향력을 발휘한다. 여성의 학력은 어머니가 될 여성의 자질이나 조건으로 평가되었다. '현모양처' 이데올로기가 지배했던 20세기 여성의 학력은 "현명한 어머니의 자질"로 평가되었기 때문에, 사회경제적 지위가 높은 남성이나 "좋은 조건"의 남성을 만날 수 있는 '사회적 자본'으로 기능하였다. 고학력 여성은 자신과 동일한 학력 소지자나 혹은 자신보다 더 높은 학력을 소지하는 남성과 결혼할 가능성, 즉 승혼의 가능성을 지닌다.[1)] 그러므로 일부 여성들에게 고등교육은 결혼을 통한 사회이동의 가능성을 높이는 중요한 사회적 자본으로 간주되었다. 여성 취업이 어려운 현실에서 이러한 결혼관이 강하게 유지되었고, 상대적으로 여성의 경제활동참가가 많아진 오늘날에도 여성의 고학력은 동질혼 비율이 높은 현실에서 고학력 배우자를 만날 수 있는 가능성을 높일 수 있다.

이러한 학벌의 사회적 의미는 남성에게도 마찬가지이다. 학력이 높은 남성은 학력이 높은 배우자를 만날 가능성이 높다. 남성의 학력보다 높은 학력의 배우자를 만나는 경우는 가부장제 사회에서 매우 드물다. 대졸자 남성은 대체로 대졸자 여성을 배우자로 만나게 되며, 간혹 배우자가 고졸자로 남성보다 낮은 학력 소지자는 있지만, 남성보다 높은 학력의 배우자는 매우 드물다. 그러나 대학이 남성과 여성의 최고 학력으로 받아들여지기 때문에, 경제적으로 성공한 대졸 남성의 경우, 여성의 추가적인 학력(석사나 박사)은 어느 정도 인정된다. 현실적으로 한국사회에서 나타나는 현상은 여성의 학력이 높아지면서, 고학력 여성의 비율이 높아졌기 때문에, 비슷한 학력의 남녀가 결혼을 하는 동질혼의 비율도 더 높아지고 있다는 점이다.

[표 4.1]에서 A, B, C는 학력 수준이 동일한 남녀 간 결혼이 이루어지는 경우이다. D는 남성보다 여성의 학력이 한 단계 더 높은 경우이고, E는 두 단계 더 높은 경우이다. 가부장제 사회에서 남성보다 여성의 학력이 더 높은 경우는 매우 드물다. 남성이 여성의 우위에 있는 가부장제 위계질서에서 벗어나는 것이기 때문이다. 반면, 남성의 경우, 자신의 학력과 동일한 학력이나 낮은 학력 소지자와의 결혼이 많기 때

문에, A, B, C와 같이 동일 학력 소지자와의 결혼이나 F와 같은 여성의 학력이 남성보다 한 단계 낮은 학력 소지자와의 결혼이 대부분이었다. G와 같이 두 단계 낮은 학력 소지자와의 결혼은 흔치 않았다. 여성의 낮은 교육 수준은 "현모양처"의 자질에서 벗어난 것이기 때문에, 대졸 남성들이 중졸 여성과의 결혼을 기피하는 경향이 강했기 때문이다.

표 4.1 학력 수준별 결혼 조합

남성 \ 여성	중졸	고졸	대졸
중졸	A	D	E
고졸	F	B	D
대졸	G	F	C

가부장제 질서가 강고하면 강고할수록, 여성의 학력이 남성의 학력보다 높은 경우는 대단히 드물다. 반면, 남성의 학력이 여성의 학력보다 높은 경우는 매우 흔하다. 이 경우, 여성의 학력이 높을수록, 자신의 학력과 같거나 혹은 더 높은 학력의 남성을 만나게 되기 때문에, 학력이 높을수록, 결혼을 통한 상승 이동의 가능성은 높아지게 된다.

교육과 사회이동과의 관계에서 여성의 교육은 가부장제가 아직도 강하게 유지되고 있는 한국사회에서 서구 사회와 다르게 기능한다. 한국에는 아직도 전통적인 가구모형인 남성 가장 가구 모형(male breadwinner model)이 강하게 남아 있다. 남성이 가장으로서 가족의 경제를 책임지며, 가족 내에서 의사결정 권한을 행사한다. 그러므로 남성에게 교육은 직업을 얻고, 결혼하여 가족의 경제를 책임지는 것과 관련하여 중요한 의미를 지닌다. 그러나 여성들의 경제적 책임이 강조되지 않는 가부장제 사회에서 여성의 교육은 주로 자녀 양육이나 사회적 자본이라는 또 다른 지위재(positional goods)로 평가된다. 예를 들어, 여성에게 강조된 '현모양처' 이데올로기는 직업과 관련된 인적 자본이 아니라 현명한 어머니의 자질로서 학력을 강조하였다.

그러므로, 가부장제 사회에서 교육과 사회이동과의 관계는 남성과 여성에 따라서 크게 다르게 나타났다. 결혼 지위와 여성의 경제활동 두 가지를 고려하면, 이는 크게 다섯 가지 유형으로 구분될 수 있다. [그림 4.2]에서 남성의 사회이동(사회이동 A)은 대체로 교육을 매개로 해서 가족배경이 직업에 영향을 미치는 방식으로 이루어진다. 사회학에서 이루어진 교육과 사회이동 연구는 전통적으로 남성의 직업을 중심으로 하여 이루어졌고, 이는 출신배경(origin), 교육(education), 현재 직업(destination)을 의미하는 OED모형이라고 불렸다. OED모형은 남성이 가장인 가족 모형과 부합하는 사회이동 모형이다. 반면에 여성의 사회이동은 [그림 4.2]의 C, D와 E에서와 같이 매우 다양하다. 1980년대부터 경제활동에 참여하는 여성을 포함하는 사회이동 연구가 이루어지면서 사회이동 A와 사회이동 C는 젠더를 고려한 여성 개인의 사회이동에서도 다루어졌다.

그러나 여성의 교육을 고려한 사회이동을 분석한다면, 사회이동 D와 사회이동 E의 경우도 중요한 사회이동 유형이다. 여성의 교육 참여가 높아지고 있지만, 여성의 경제활동참가율은 높지 않은 현실에서 교육의 사회적 기능을 고려할 때, 여성에게 교육은 두 가지 의미를 지닐 수 있다: 하나는 남성과 마찬가지로 직업을 얻을 수 있는 인적 자본으로서의 여성의 교육이고, 다른 하나는 결혼과 관련하여 작용하는 사회적 자본으로서의 교육을 구분할 수 있다. 사회이동 D는 교육이 사회적 자본으로 기능하는 경우이다. 이 경우에도 교육이 여전히 사회이동의 중요한 매개로서 기능을 하고 있다. 경제적인 활동과 관련된 사회이동이 아니라 결혼을 통해서 바뀌게 되는 사회적 지위로의 이동이다. 사회이동 E는 또 다른 의미로 교육이 여성의 직업과 관련하여 매개 역할을 하지만, 계층이동과 관련하여서는 맞벌이를 통한 소득의 증가로 이어져서 여성의 경제적 지위가 남성의 직업만을 고려하였을 때보다 훨씬 높아지는 경우이다. 한국의 경우도, 2018년 기준 맞벌이 부부가 46.3%

에 이르고 있어서(통계청, 2020), 전통적인 남성가장가구의 사회이동분석인 사회이동 A뿐만 아니라 사회이동 B나 E도 큰 비중을 차지하고 있다. 그러므로 개인의 교육과 직업만을 중심으로 사회계층이동을 분석하는 것은 현실의 불평등을 분석하는 데 한계를 갖는다. 또한 사회이동 B나 E의 경우는 사회이동 A이나 사회이동 C와 같이 개인 단위로 사회이동을 분석하는 것이 타당하지 않다는 것을 함의한다. 맞벌이 부부가 늘어나는 경우, 전통적인 개인 단위의 사회이동 모형과는 다른 사회이동 분석 모형이 필요하다는 것을 보여준다.

그림 4.2 성별에 따른 교육과 사회이동

남성의 사회이동

		교육	노동시장	가구구성
A	가족배경 →	교육 →	직업 →	외벌이 남성 가구
B	가족배경 →	교육 →	직업 →	맞벌이 가구

여성의 사회이동

C	가족배경 →	교육 →	직업 →	외벌이 여성 가구
D	가족배경 →	교육 →	결혼 →	남성 외벌이+여성 전업주부
E	가족배경 →	교육 →	직업 →	맞벌이 가구

지금까지 앞에서 이루어진 교육, 젠더와 사회이동과의 관계에 관한 새로운 논의를 바탕으로, 한국의 교육과 사회이동 현실을 경험적으로 분석한다. 이를 위해서 여기에서는 1998년부터 한국노동연구원이 수집하고 있는 <한국노동패널조사(KLIPS)> 자료와 2008-2011년 한국교육개발원이 수집한 <교육과 사회이동> 자료를 분석하여, 현대 한국 사회에서 교육과 사회이동과의 관계가 젠더에 따라서 어떻게 다르게

나타났는지를 살펴보고자 한다. <한국노동패널조사>는 외환위기 직후 한국 노동시장의 변화를 파악하기 위해서 전국의 5000가구를 대상으로 가구원의 교육, 노동시장 이동, 소득변화 등에 관해서 동일한 응답자를 매년 조사하여 축적된 패널자료이다. <교육과 사회이동> 자료는 교육을 받은 시기가 다른 네 가지 출생 코호트(1943-1955, 1956-1966, 1967-1976, 1977-1983)를 대상으로 가족배경, 일, 소득과 계층에 관한 자료를 수집하였다. 이들 자료들은 각각 노동시장의 동학과 사회이동을 분석하기 위하여 수집된 자료이기 때문에, 가족배경, 교육과 직업에 관한 정보를 포함하고 있다. 4장에서는 두 가지 자료를 분석에 활용하여 한국의 현실을 살펴본다.

2. 가족배경, 교육과 직업

1) 부모 교육과 자녀 교육

먼저 [표 4.2]에서 볼 수 있듯이, 여성의 교육은 두 가지 경로(사회이동 3과 사회이동 3)를 통해서 사회이동에 영향을 미친다. 먼저 여성 자신의 세대 간 교육이동을 살펴보면, 여서의 경우 남성보다 부모의 교육수준과의 관련성이 떨어지는 것으로 나타났다. [표 4.2]는 성별 부모 교육수준과 자녀 교육수준과의 관계를 보여주는 세대 간 교육이동 유출분석 결과이다. 유출분석은 부모를 기준으로 하여 자녀들이 어떤 학력으로 이동했는가를 보는 분석이다. 부모와 동일한 학력인 경우, 더 높은 학력으로 이동한 경우, 낮은 학력을 갖는 경우 등 다양한 학력이동이 있을 수 있다. 통계적으로는 부모와 자녀 교육 수준의 연관성 정도를 보여주는 지표로 카이제곱(chi-square) 값을 통해서 세대 간 교육수준의 연관성을 살펴볼 수 있다. 카이제곱 값은 아들의 경우가 딸의 경우보다 훨씬 더 커서, 세대 간 교육수준의 상관성이 딸보다 아들이 더 컸음을 보여준다. 남성과 마찬가지로, 여성의 교육 자체가 가족 배경을 반영하고 있기 때문에, 부모의 교육 수준과 자녀의 교육 수준이 매우 높은 상관관계를 보여주고 있다. 부모의 교육수준이 중졸 이하인 경우, 아들이 초대 졸 이상의 교육을 받은 경우는 17.59%에 불과하였던 반면, 부모의 교육수준이 초대 졸 이상인 경우의 아들이 초대 졸 이상의 교육을 받은 경우는 52.45%에 달하여, 부모의 교육수준에 따라서 아들의 교육수준이 대단히 큰 편차를 보였다.

글상자 4.1 카이제곱(chi-square)

카이제곱은 범주형 변수 간의 관계를 분석하는 통계방법이다. 예를 들어, 젠더(남성과 여성)에 따라서 채식에 대한 선호가 다른지를 살펴보기 위해서 남성 5명, 여성 5명, 전체 10명을 대상으로 조사를 해서, 젠더와 채식 선호를 분석하는 경우, 남성은 1명을 제외하고 모두 채식을 선호하지 않고, 여성은 1명을 제외하고 모두 채식을 선호하는 경우, 젠더에 따라서 채식 선호의 차이가 있다는 것을 알 수 있다.

사례 1)

	채식 선호	채식 비선호	계
남	2	8	10
녀	8	2	10
계	10	10	20

사례 2)

	채식 선호	채식 비선호	계
남	4	6	10
녀	6	4	10
계	10	10	20

두 사례에서 카이제곱 분석은 젠더와 채식 선호가 관계가 없다고 가정했을 때의 경우와 현실을 비교하여 그 차이를 분석한다. 관계가 없다고 가정하면, 모든 경우에 기대되는 경우는 20명 중 남성이 10명이고, 채식 선호와 비선호가 각각 10명이기 때문에, 남성 10명도 절반으로 분포되어 각 항의 기댓값은 각각 5명이 된다.

이러한 편차는 여성의 경우에 더 큰 것으로 나타났다. 부모의 학력이 아들보다 딸의 교육에 더 큰 영향을 미친다는 것을 보여준다. 예를 들어, 중학 이하의 학력을 지닌 부모를 둔 아들들의 경우 41.04%가 중학교 이하 학력을 이어 받았지만, 자녀가 딸인 경우는 32.61%가 중학교 이하의 학력을 이어 받았다. 또한 부모의 학력이 고졸인 경우, 아들의 62.07%가 초대 이상의 학력을 지녔으나, 딸의 경우는 48.36%로 아들의 경우와 상당히 큰 편차를 보였다. 반면, 부모의 학력이 초대 졸 이상인 경우, 아들의 52.45%가 초대 이상의 학력을 지녔으나, 딸의 경우에는 81.48%로 아들보다 훨씬 더 높은 초대 이상의 학력 비율을 보였다. 이처럼 부모의 학력이 자녀의 학력에 미치는 영향에서 자녀 성별에 따른 차이가 대단히 크게 나타났다.

표 4.2 부모 교육과 자녀 교육 교차표 유출분석(%)(2015년)

부모 교육 \ 자녀 교육	중학 이하	고등학교	초대 이상
중학 이하	41.04(32.61)	41.38(41.42)	17.59(25.97)
고등학교	9.08(17.39)	28.85(34.25)	62.07(48.36)
초대 이상	7.68(2.22)	39.86(16.30)	52.45(81.48)

Chi−square(남성)=533.3075***, Chi−square(여성)=354.1852***.
유의 수준*, p > .05,**, p> .01,***, p > .001.
참고: 괄호 안의 수치는 여성.
자료: 노동소득패널조사(2015) 필자 분석 결과.

2) 자녀의 교육과 자녀의 직업

그 다음, 교육과 직업과의 관련성은 [표 4.3]에 제시되어 있다. [표 4.3]은 1998년 자녀의 교육과 직업과의 연계 정도를 보여주는 교육과 직업과의 교차표이다. [표 4.3]에서 알 수 있는 점은 직업의 분포가 학력에 따라 크게 달라질 뿐만 아니라, 성별에 따라서도 크게 달라진다는 점이다. 학력에 따른 직업 분포의 차이는 대단히 뚜렷하게 나타났다.

교육수준이 낮은 경우, 관리직/전문직과 사무직에 종사하는 비율이 지극히 낮았다. 중학 이하의 학력 소지자가 관리직이나 사무직에 종사하는 비율은 남성의 경우 8.96%(5.08%+3.86%)이었고, 여성의 경우는 2.77%(0.58%+2.19%)에 불과하였다. 반면, 중학 이하의 학력 소지자 중 대부분의 남성은 숙련 생산직이나 농림어업이나 미숙련 생산직에 종사하고 있으며, 여성은 판매서비스직이나 농림어업이나 미숙련 생산직에 종사하는 것으로 나타났다. 고졸자의 경우에도 남성은 주로 숙련 생산직으로, 여성은 판매서비스직으로 진출하였다. 초대 졸 이상의 고학력 남성의 경우, 48.99%가 관리직/전문직으로 진출하였고, 24.14%가 사무직으로 진출하였다. 반면 고학력 여성의 경우 60.89%가 관리직/전문직으로 진출하여, 관리직/전문직으로 진출하는 비율이 남성보다 훨씬 높았다. 이를 좀 더 구체적으로 살펴보면, 여성들의 관리직보다는 전문직으로 진출하여, 조직 내에서 권위를 갖는 직업보다는 전문성에 기초한 직업으로 진출하는 경향을 보인다. 2018년 대졸 여성의 관리직 비율은 1.36%로 남성 4.37%에 비해서 낮았으나, 전문직 비율은 34.42%로 남성 31.56%에 비해서 더 높았다. 이것은 여성들이 여성에 대한 차별이

표 4.3 성별 교육수준에 따른 직업분포(%)(1998년)

직업 / 학력	관리직/전문직	사무직	판매 서비스	생산직 (숙련)	농림어업, 생산직 (미숙련)	전체
중졸 이하	5.08 (0.58)	3.86 (2.19)	16.55 (42.33)	40.00 (22.15)	34.52 (32.76)	100.00 (100.00)
고졸	13.65 (8.71)	14.48 (16.48)	20.00 (50.95)	42.15 (13.83)	9.70 (10.03)	100.00 (100.00)
초대 이상	48.99 (60.89)	24.14 (21.19)	12.54 (15.84)	19.77 (.05)	3.55 (1.49)	100.00 (100.00)
전체	20.45 (10.19)	20.45 (9.33)	53.75 (41.83)	16.93 (16.83)	33.06 (21.19)	100.00 (100.00)

Chi−square(남성)=1100***, Chi−square(여성)=872.892***
참고: 괄호 밖의 수치는 남성, 괄호 안의 수치는 여성의 경우를 지칭.
자료: 노동소득패널 자료(1998년).

나 배제가 강한 조직문화 대신에 자신의 전문성에 의해서 평가를 받는 직업을 선호함을 의미한다.[2] 초대 이상 학력 소지자 여성의 경우, 21.19%가 사무직으로 진출하여, 남성보다 약간 낮은 수준을 보였다. 고학력 여성의 경우에는 남성보다 더 높은 비율로 화이트칼라 직종인 관리직이나 사무직으로 진출한 것이 두드러졌다.

2000년대 접어들어 학력에 따른 직업 분포는 어떻게 변했는가? 먼저 두드러진 변화는 대졸자들의 관리직과 사무직 집중이 약화되면서, 직업과 관련하여 대졸자의 학력 프리미엄이 약간 줄어들었다는 점이다. 이러한 현상은 대학과 대학생의 양적 팽창의 결과로 대졸자가 늘어나면서, 대졸자들이 관리직과 사무직이 아닌 다른 직종으로 진출할 수밖에 없는 상황을 반영하고 있다. [그림 4.3]은 1998년부터 2015년 사이의 대졸자 직업 분포의 변화를 보여준다. 남성과 여성 모두에서 대졸자들의 관리직과 전문직 집중은 약화되었다. 1998년 대졸 여성의 60.93%가 관리직이나 전문직으로 진출하였지만, 2015년에는 그 비율이 52.06%로 8.87% 줄었다. 이러한 추세는 대졸 남성의 경우에도 동일하게 나타났다. 1998년 대졸 남성의 48.9%가 관리직이나 전문직으로 진출하였으나, 2015년에는 36.81%로 12% 이상 크게 줄었다. 반면, 사무직 진출은 남녀 대졸자 모두에서 약간의 증가 추세를 보였다. 이것은 대졸자들의 상당 부분이 화이트칼라가 아닌 숙련 생산직과 미숙련 생산직 블루칼라로 진출했다는 것을 의미한다. 이러한 점은 대졸자의 양적 증가로 인하여, 대졸자 프리미엄이 약화된 현실을 보여주는 것이기도 하고, 또한 전문대학이나 4년제 대학의 이공계 졸업자가 늘어난 결과이기도 하다. 다만, 대졸 여성의 경우, 관리직이나 전문직 진출 비율이 남성보다 높은 현실은 그대로 유지되고 있다는 것을 알 수 있다. 이것은 현재까지 전체적으로 여성의 경제활동참가율이 남성보다는 크게 낮지만, 일단 경제활동에 참가하는 경우에는 여성이 남성보다 관리직과 사무직으로 진출할 가능성은 상대적으로 더 높다는 것과 블루칼라 생산직으로 진출할 가능성은 반대로 낮다는 것을 반영하고 있다.

3) 아버지 학력과 자녀의 직업

그렇다면, 자녀의 교육과 자녀의 직업 성취 과정에 가족 배경이 얼마나 큰 영향을 미치고 있는가? 그리고 그러한 영향력은 남성과 여성에서 얼마나 다르고 또한 그러한 영향력의 차이가 시간적으로 어떻게 변화하고 있는가? [그림 4.3]은 1998년부터 2015년 사이, 아버지 학력에 따른 대졸 자녀의 관리직 직업 종사자 비율의 변화를 보여준다. 먼저, 두드러진 점은 가족 배경과 관계없이 고등교육을 이수한 경우에는 관리직이나 사무직으로 진출하는 비율이 유사한 것으로 나타났다. 이것은 한국 사회에서 학력이 높은 경우에는 취업과 관련하여 가족 배경이 크게 작용하지 않는다는 점을 보여준다. 이것은 한국 사회에서 가족 배경이 자녀들의 교육 성취에 강한 영향을 미치는 반면, 일단 고등교육을 이수하게 되면, 고등교육 자체가 독립적으로 자녀의 직업 획득에 영향을 미친다는 것을 의미한다. 그리하여 부모의 소득이나 학력이 낮더라도, 자녀가 대학을 졸업하게 되면, 그 자체로 관리직이나 전문직/준전

그림 4.3 대졸자의 관리직/전문직과 사무직 분포

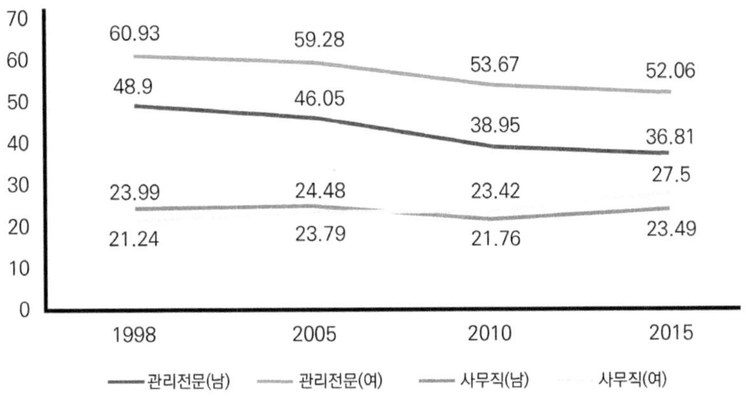

자료: 노동패널자료, 1998, 2005, 2010, 2015.

문직에 종사할 수 있는 가능성이 여전히 높다는 것을 의미한다.

[그림 4.3]에서 볼 수 있듯이, 1998년부터 2015년 사이 대졸자의 관리직/전문직 직업 종사자의 비율은 학력을 불문하고 점차 줄어들었다. 대졸 자녀들의 관리직/전문직 종사자 비율이 1998년 50%대에서 2015년 30% 후반대로 10% 포인트 정도 줄어들었다. 가족배경의 효과를 살펴보기 위해, 아버지 학력에 따라서 대졸 자녀의 관리직/전문직 종사자의 비율이 어떻게 달라지는지를 살펴보았다. 아버지 학력에 따른 관리직 직업 비율은 같은 시기에서는 큰 차이를 보이지 않았지만, 지속적으로 모든 부모 학력에서 감소하는 결과를 나타냈다. 1998년 초대졸 이상의 학력을 지닌 부모의 대졸 자녀들이 관리직과 전문직으로 진출하는 비율이 중졸이나 고졸 학력의 부모를 둔 자녀들에 비해서 약간 높은 관리직/전문직 진출 비율을 보여주었다. 그러나 그 차이는 점차 사라졌다. 2005년부터 2015년까지 중졸 이하, 고졸과 초대 졸 이상의 아버지 학력 간 차이는 거의 없는 것으로 나타났다. 이것은 부모의 교육수준에 따른 자녀의 교육성취에 있어서는 차이가 있지만, 일단 자녀들이 고등교육을 받게 되면, 부모의 학력과 관계없이 자녀들의 교육성취에 따른 관리직 진출이 이루어지면서, 부모의 교육 수준에 따른 큰 차이는 나타나지 않았다고 볼 수 있다. 이것이 한국에서 강한 교육열이 만들어지고, 그것이 한편으로는 과도한 교육경쟁을 불러일으키기도 하였지만, 다른 한편으로는 상승이동을 만들어 내는 동인으로 작용하게 한 요인이었다고 볼 수 있다.

다른 한편, 가정 배경이 대졸자 자녀의 관리직과 전문직 진출에 미치는 영향은 점차 줄어들었지만, 남성과 여성 간의 격차는 더욱 커졌다. [표 4.4]는 1998년부터 2015년 사이 아버지의 학력별 대졸 남성과 여성의 관리직/전문직 진출 비율을 보여준다. 대졸 남성의 경우, 아버지의 학력의 차이가 관리직/전문직 진출의 차이를 낳지 않았지만, 대졸 여성의 경우는 아버지 학력이 높을수록 관리직/전문직 진출이 약간 높았다. 대졸 남성의 경우, 아버지의 학력에 관계없이, 1998년에는 50% 정도가 관리직/전문직에 종사하였고, 2015년에는 약간 줄어들어 39% 정도가 관리직/전문직에 종사하였다. 즉, 남성의 경우, 동일 수준으로 하향 평준화하는 경향을 보였다. 반면, 여성의 경우에는 부의 학력에 따라서 관리직/전문직 종사자의 비율의 차이가 크게 나타났다. 1998년에는 중졸 이하의 학력을 가진 아버지를 둔 대졸 여성의 51.22%가 관리직/전문직에 종사하였는데, 초대 졸 이상의 학력을 지닌 아버지를 둔 대졸 여성들은 57.88%가 관리직/전문직에 종사하여, 6.66% 포인트의 차이를 보였다. 2015년에도 관리직/전문직 종사자의 비율은 줄어들었으나, 오히려 그 차이는 늘어나 중졸 이하의 아버지를 둔 대졸 여성의 경우의 관리직/전문직 종사자의 비율은 42.24%였고, 초대졸 이상의 아버지를 둔 대졸 여성의 경우는 50.25%로 그 차이가 8% 정도로 약간 더 커졌다.

가부장제 사회에서 여성의 노동시장 진출은 매우 제한적이었다. 취업에서의 여성 차별과 승진에서의 차별을 특징으로 하는 여성 배제적인 직장 환경은 견고하게 유지되었다. 다른 한편, 남성이 가족의 경제

그림 4.4 아버지 학력에 따른 대졸 자녀의 관리직 직업 비율

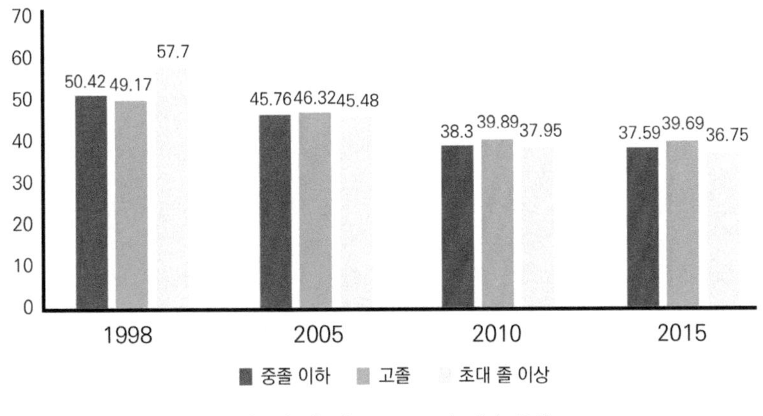

자료: 노동연구원, 노동소득패조사 자료(1998−2015) 필자 분석.

를 책임을 진다는 '남성 가장 가구 모형'이 지배적인 사회에서 여성은 경제활동보다는 결혼을 통한 배우자 선택을 중시한다. 여성의 경우, 고학력은 여성들의 배우자 선택에서 고학력 남편을 만날 기회를 높였다. 이러한 점은 결혼을 매개로 한 사회이동에서 고등교육의 역할이 대단히 중요하게 작용한다는 것을 함의한다.

표 4.4 아버지 학력별 대졸 남녀의 관리직/전문직 비율, 1998-2015

	남				녀			
년도 부 학력	1998	2005	2010	2015	1998	2005	2010	2015
중졸 이하	50.23	46.96	41.06	39.52	51.22	47.71	42.59	42.24
고졸	49.07	46.80	40.68	38.77	55.99	55.8	51.17	49.51
초대 졸 이상	50.5	46.98	40.75	38.44	57.88	58.49	52.15	50.25

4) 아버지 직업과 딸의 직업

아버지 교육뿐만 아니라 아버지 직업도 중요한 가족배경 요소로 인식되었다. 아버지 직업이 자녀의 교육과 결혼을 통해서 자녀의 사회이동에 얼마나 영향을 미치는가? 특히 경제활동을 하지 않은 여성들의 경우, 가족배경이 여성들의 교육을 통해서 배우자 선택에 영향을 미친다. 그리하여 교육을 매개로 직업으로 이어지는 사회이동 방식과는 다른 방식인 결혼을 통해서 사회이동에 기여한다.

그렇다면, 결혼을 통한 사회이동은 어느 정도일까? 경험적인 분석을 통해서 이러한 질문에 답을 얻기 위해서 한국교육개발원이 2008년부터 2011년까지 4년에 걸쳐서 수집한 <교육과 사회이동> 자료를 분석하였다. <교육과 사회이동> 자료는 출생연도가 다른 4개의 코호트별로 가족 배경, 자녀의 교육과 배우자 교육과 직업에 관한 정보를 포함하고 있다. 4개의 코호트는 출생연도에 따라서 1943－1955년, 1956－1965년, 1966－1976년, 1977－1986년에 태어난 코호트로 구분하고, 이후 이들의 사회이동을 분석하였다. 이 자료는 이러한 구분에 기초하여, 2008년부터 2011년까지 4차에 걸쳐서 교육개발원이 수집한 자료로 사회이동 분석에 매우 적합한 자료이다. 1943－1955년 출생 코호트는 2008년 조사 당시 53세에서 64세까지의 코호트였고, 1956－ 1966년 출생 코호트는 2009년 조사 당시 43세에서 53세까지 코호트였으며, 1967－1976년 출생 코호트는 2010년 34세에서 43세까지의 코호트였다. 그리고 가장 나이가 어린 코호트인 1977－1986년 출생 코호트는 2011년 조사 당시 25세에서 34세까지의 코호트였다. 1977－ 1986년 출생 코호트는 분석에서 제외시켰다. 상당 부분의 응답자들이 대학을 졸업하지 않았거나, 취업을 하지 않은 상태였거나 혹은 결혼을 하지 않은 상태에 있었기 때문이다.

[그림 4.5]는 세 가지 서로 다른 부모의 코호트별로 아버지의 직업별 딸의 상층 화이트칼라 직종(관리직, 전문직, 준전문직)으로의 진출 비율을 보여준다. 먼저, 딸이 관리직, 전문직과 준전문직 직업으로 진출하는 비율이 부모의 직업에 따라서 뚜렷하게 차이가 나고 있음을 알 수 있다. 나이가 53~65세로 가장 나이가 많은 코호트(1943－1955)인 경우에도, 상층 화이트칼라 아버지의 딸이 상층 화이트칼라 직업에 종사하는 비율은 14.29%로 아버지가 생산직에 종사하는 부모인 경우의 5.56%에 비해서 거의 3배 더 높았다. 그리고 코호트의 나이가 더 젊어질수록, 아버지가 상층 화이트칼라인 경우, 딸들의 관리직, 전문직, 준전문직으로의 진출이 크게 높아졌다. 1943~1955년에 태어난 53~65세 연령집단은 14.17%, 1956~1966년에 태어난 43~53세 연령집단은 31.71%, 1967~1976년에 태어난 34~43세 연령집단은 48.15%로 크게 높아졌다. 그리고 아버지의 직업과 딸의 직업 간의 연관성이 높아지는 추세는 부모 세대의 모든 직업에서 동일하게 나타났다.

그렇지만, [그림 4.5]에서 볼 수 있듯이, 이러한 딸의 직업에서 나타난 변화는 부모의 직업에 따라서도 대단히 큰 편차를 보였다. 부모의 직업이 사무직인 경우, 딸이 관리직, 전문직, 준전문직 직업을 갖는 경우는 부모가 1943-1955년에 태어난 경우 9.68%에서, 1956-1966년 태생인 경우 15.19%로 증가하였고, 1967-1976년 태생인 경우, 24.1%로 더 크게 높아져서 시간이 지남에 따라서 큰 폭의 증가를 보였다. 또한 부모가 생산직 종사자인 경우, 그 변화도 각각 5.56%, 10.71%, 17.65%로 증가 추세를 보였지만, 증가폭은 화이트칼라 상층의 절반에도 미치지 못했다. 결과적으로 아버지 직업이 상층 화이트칼라인 경우, 딸이 상층 화이트칼라로 진출하는 비율도 시간이 지나면 지날수록 더 아버지 직업에 크게 영향을 받았다. 이것은 단적으로 지난 반세기 동안 아버지의 직업이 딸의 직업에 미치는 영향력이 계속 커져왔음을 보여준다.

그림 4.5 아버지 직업별 딸의 관리직, 전문직 및 준전문직 지출 비율 추이

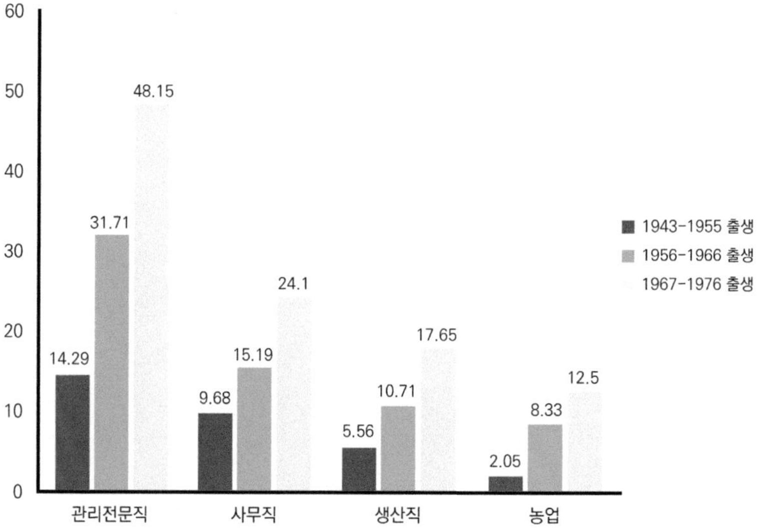

자료: 교육개발원, 교육과 사회이동 자료 필자 분석 결과.

3. 결혼과 사회이동

1) 가족형성

남성과 마찬가지로, 직업 성취를 통한 여성의 사회이동에서도 교육의 역할은 매우 중요하다. 또한 경제활동에 참여하지 않은 여성들의 경우에도, 교육은 결혼에서 중요한 역할을 담당한다. 교육이 여성들의 결혼 조건에 중요한 요소로 간주되기 때문이다. 1930－1998년 한국에서 교육수준이 비슷한 사람들끼리 결혼하는 동질혼의 비율은 지속적으로 증가하였다.[3] 여성의 교육이 노동시장에서의 취업을 통해서 경제적 보상을 기대하는 것이 아니라, 결혼에서 더 좋은 조건의 배우자를 만나기 위한 자원으로 기능하기 때문이다. 그러므로 한국사회에서 교육은 배우자 선택에서 남성과 여성에게 다르게 기능하였다. 가부장제 가족 체제하에서 남성은 여성과 같거나 혹은 여성보다 더 높은 교육수준을 갖는 것이 관습적으로 받아들여졌다. 강혼이라고 불리는 결혼에서 높은 학력을 가진 사람이 자신보다 낮은 학력을 가진 사람과 결혼하는 경우를 지칭한다. 가부장제 사회에서는 남성의 학력이 여성의 학력보다 같거나 혹은 더 높아야 사회적 위계가 유지된다. 남성이 학력에서도 여성보다 낮은 경우는 사회적인 위계와 어긋나는 것으로 받아들여진다. 남성 강혼은 여성의 경우에는 자신보다 높은 학력을 가진 남성과 결혼하는 것으로 승혼이라고 부른다. 가부장제 사회에서는 여성의 승혼이 일반적이다. 그리하여 고등교육을 마친 여성들에게는 고등교육을 마친 남성을 배우자로 삼게 되며, 이 경우 사회경제적으로 더 안정적인 배우자를 만나게 될 가능성이 높다.

한국사회에서 학력이 남성과 여성의 사이에서 이루어지는 결혼에서 어떻게 작동하는지는 [표 4.5]가 잘 보여주고 있다. 2000년대 들어서 같은 학력 소유자끼리 결혼하는 비율은 약간씩 줄어들고 있다. 1998년 노동패널조사에서 결혼 가구의 65.78%의 부부가 동일한 학력을 소지한 것으로 나타났고, 2015년 그 비율은 62.05%로 3.73% 포인트 줄어들었다. 그렇지만, 가부장제적인 결혼 패턴을 보여주는 남성 강혼-여성 승혼의 결합은 거의 변화가 없는 것으로 나타났다. 반면, 여성의 강혼-남성 승혼, 즉 남편의 학력이 부인보다 낮은 경우의 비중은 대단히 낮은 수준이지만, 약간씩 증가하고 있는 추세를 보여준다. 그 비율이 1998년 5.02%에서 2015년 8.03%로 17년 사이에 3.1% 포인트 늘었다. 여전히 드물기는 하지만, 여성들이 배우자 선택에서 자신의 학력보다 낮은 배우자를 선택하는 경우가 조금씩 늘고 있다는 것을 의미한다.

표 4.5 결혼에서 나타난 학력 결합 추이

	동질혼		강혼		승혼	
	남성	여성	남성	여성	남성	여성
1988	65.78	65.78	29.20	5.02	5.62.	29.20
2005	63.36	63.36	29.43	7.21	7.21	29,43
2010	63.17	63.17	28.15	8.33	8.33	28.15
2015	62.05	62.05	29.92	8.03	8.03	29.92

자료: 한국노동패널조사, 1998-2015년.

그렇다면, 여전히 동질혼의 비중이 높은 한국사회에서 배우자 선택은 배우자의 교육 수준과 관계가 있고, 부모의 가족 배경과는 무관하게 이루어졌는가? [그림 4.4]는 부부의 고등교육 동질혼 비율이 아버지의 직업을 크게 따른다는 것을 보여준다. 아버지의 직업별로 초대 졸 이상의 교육을 받은 사람이 초대 졸 이상의 배우자와 결혼한 비율을 보여준다. 무엇보다도 교육 동질혼의 비율은 아버지의 직업에 따라서 크게 다른 것을 알 수 있다. 아버지 직업이 관리직이나 사무직이면서 본인이 초대 졸 이상인 여성의 경우, 배우자가 초대 졸 이상인 경우는

90% 이상으로 높게 나타났지만, 아버지 직업이 생산직인 경우는 70% 대로 낮아져 큰 차이를 보였다. 이러한 패턴은 1998년과 2015년 비슷하게 나타났다.

[그림 4.4]가 보여주는 또 다른 점은 여성들에게도 가부장제 결혼관이 강하게 내면화되어 있다는 점이다. 한국의 가부장제 가족에서 나타나는 또 다른 특징은 고학력 여성들이 저학력 남성들과 결혼하지 않는 경향이 강하다는 점이다. 가부장제적 의식은 남성뿐만 아니라 여성들에게도 강하게 내면화되어 있어서, 많은 여성들은 당연히 남성의 학력이 여성들과 같거나 혹은 더 높아야 한다는 의식을 지니고 있다. 그러므로 교육수준이 낮은 배우자와 결혼이 이루어지는 강혼은 한국 여성들에게서는 매우 드물다. 이러한 점은 OECD 회원국들의 교육 수준별 부부 분포와 비교하면 더욱 더 두드러지게 나타난다. 부부 모두 대학 이상의 고등교육을 받은 비율은 2008년 주요 OECD 회원국에서 13.2%에 불과하였고, 본인의 학력이 배우자의 학력보다 높은 경우(강혼)는 남성의 경우 19.2%, 여성의 경우 15.4%이었다.[4)]

남성의 경우에도 교육 동질혼은 아버지의 직업에 따라서 크게 다르게 나타났다. 아버지가 관리직, 전문직인 경우 고등교육 동질혼 비율은 70% 정도로 나타났지만, 아버지의 직업이 숙련 노동자나 비숙련 노동자인 경우 동질혼의 비율은 20%~60%로 큰 차이를 보였다. 전체적으로 여성에 비해서 남성 고등교육 동질혼의 비율이 낮았지만, 아버지 직업에 따른 동질혼 정도의 차이는 여성보다 훨씬 더 크게 나타났다. 또한 여성과 달리 시간적으로 더 큰 변화를 보였다. 남성의 경우, 관리직과 전문직에서는 동질혼의 비중이 약간 증가하였으나, 비숙련 생산직을 제외한 나머지에서는 동질혼의 비중이 크게 높아졌다. 아버지의 직업이 생산직인 경우, 동질혼의 비중은 1998년 38.67%에서 2015년 64.23%로 크게 증가하였고, 아버지의 직업이 판매직인 경우에도 동질혼의 비중은 1998년 43.07%에서 2015년 65.84%로 크게 증가하였다.

고등교육을 받은 남녀 간에 결혼이 이루어지는 비율이 높아지는 추세는 고등교육 기관의 양적 팽창으로 인하여 고등교육을 받은 남녀의 비율이 높아지면서 나타난 결과이다. 제1장에서 다루었듯이, 지속적으로 대학 진학률이 높아지면서, 결혼 적령기 연령대에서 고등교육을 받은 남성과 여성의 비율도 지속적으로 증가하였다. 이는 다른 조건이 동일한 경우, 고등교육을 받은 남녀 사이에 결혼이 이루어질 가능성을 높게 만든다.

더구나 입시경쟁이 계속 심화되면서, 자녀 교육이 여성의 중요한 역할로 부각되었고, 자녀 교육을 제대로 하기 위해서 고등교육을 받은 여성들이 더욱 더 선호되는 사회변화가 일어났다. 중산층 가정에서 자녀의 학업 경쟁을 충분히 도맡아 책임지는 역할을 어머니의 역할로 규정하는 경향이 강화되면서, 여성의 교육 수준은 자녀교육을 전담하는 어머니의 자질 중 하나로서 인식되었다. 그리하여 경제활동을 하는 취업 여성보다, 전업 주부로서의 어머니 역할이 더 강조되었다. 중산층의 좋은 어머니 상은 자녀들의 학업경쟁을 지원하는 고학력 전업주부로 고착되었다. 취업한 어머니와 비교하여 전업주무들의 위치는 자녀들의 우수한 성적에 근거하여 정당화되며, 중산층 여성들 가운데 '좋은 어머니를 전업 어머니로 정체화'하는 경향도 나타났다.[5]

2) 부인의 교육 수준과 남편의 직업

동질혼 자체는 부부의 교육수준이 비슷하다는 것을 의미하는 것이지, 계급이나 계층적 지위가 동질적이라는 것을 의미하는 것은 아니다. 교육수준과 사회경제적 지위가 반드시 일치하는 것은 아니기 때문이다. 부인의 교육수준과 남편의 직업이 어떻게 연계가 되는지를 알아보기 위하여, 남편의 직업과 부인의 교육수준과의 관계를 살펴보았다.

이러한 변화를 좀 더 구체적으로 알아보기 위하여, 부인의 학력별 남편의 직업 분포를 분석하였다. [표 4.6]은 1998년부터 2015년 사이 부인의 교육수준에 따른 남편 직업의 분포를 보여준다. 여성의 학력이 중학교 졸업 이하인 경우, 관리직이나 전문직 남편을 두는 비율은 매우 낮았고, 또한 시간적으로 그 비율도 지속적으로 줄어들었다. 그 비율은 1998년 11.04%에서 2015년 3.89%로 크게 줄어들었다. 반면에, 이들 중학교 졸업 이하의 학력을 지닌 여성들 가운데, 남편의 직업이 생산직인 경우는 72.5%에서 84.88%로 더욱 높아졌다. 고졸 여성의 경우에도 관리직이나 전문직 남편의 비율은 1998년 22.51%에서 14.32%로 줄었지만, 생산직 남편의 비율은 38.03%에서 58.39%로 더 높아졌다. 초대 졸 이상의 경우에도 유사한 변화가 나타났다. 초대 졸 이상의 교육을 받은 여성들의 배우자 직업에서 관리직과 전문직의 비중이 가장 높았다. 그러나 그 비중은 1998년 58.01%에서 2015년 35.49%로 크게 줄어들었다. 반면, 생산직 종사자의 비율은 10.75%에서 26.01%로 크게 높아졌다. 이것은 전반적으로 교육을 많이 받은 여성들의 프리미엄이 사라지고 있다는 것을 보여준다. 고등교육을 받은 여성들의 비율이

표 4.6 부인의 교육수준과 남편의 직업 분포, 1998-2015(%).

남편의 직업 / 부인 교육 수준	관리직/ 전문직	사무직	판매 서비스직	생산직 (숙련)	농림어업/ 생산직 (비숙련)	전체
중졸 이하	11.04[a)]	7.32	8.99	49.29	23.36	100.00
	5.56[b)]	4.41	7.85	53.07	29.12	100.00
	4.02[c)]	4.39	8.41	43.88	39.31	100.00
	3.89[d)]	2.59	8.64	44.92	39.96	100.00
고졸	22.51	19.12	14.80	38.03	5.55	100.00
	21.86	14,61	13,98	40.66	8.89	100.00
	14.95	14.46	12,76	48.00	9.84	100.00
	14.32	12.28	15.01	47.61	10.78	100.00
초대 졸 이상	58.01	23.49	6.76	10.68	1.07	100.00
	46.45	25.14	13.11	13.66	1.64	100.00
	38.26	20.71	14.40	20.12	6.51	100.00
	35.49	21.56	16.86	20.42	5.67	100.00

참고: a), b), c)와 d)는 각각 1998년, 2005년, 2010년과 2015년 한국노동패널(KLIPS) 자료를 분석한 결과이다.

높아지면서, 교육 프리미엄이 결혼과 관련하여 크게 줄어들어 나타난 결과라고 볼 수 있다. 고등교육을 받은 여성들의 희소성이 급격히 사라지면서, 고등교육을 받은 여성들의 배우자 직업에서도 다양화 현상이 나타났다. 교육 인플레 현상이 나타나면서, 한편으로, 교육 수준이 낮은 여성들이 관리직이나 전문직에 종사하는 배우자를 두는 경우가 당연히 크게 줄어들었다. 다른 한편으로, 고등교육을 받은 여성들이 관리직이나 전문직 배우자를 두는 비율도 낮아졌다. 이러한 변화는 공통적으로 대학교육을 받은 여성들이 많아지면서 나타난 현상이다. 고등교육을 받은 여성이 늘어나면서, 중학교 이하의 교육이나 고등학교 교육을 이수한 여성들의 지위는 상대적으로 더 열악해졌고 동시에 고등교육을 받은 여성이 늘어나면서, 고등교육을 받은 여성 수가 늘어나 상대적인 희소성도 크게 줄어들었다.

4. 맺음말

지난 30여 년 동안 한국의 교육제도는 급격하게 변화를 거듭해왔다. 고등교육 기관의 양적 팽창이 급속하게 이루어지면서, 청소년들이 고등교육을 받을 기회가 크게 확대되었다. 한국의 고등학교 졸업자들의 대학 진학률도 지속적으로 높아지면서, 2000년대 들어서서 한국이 세계 최고의 대학 진학률을 보일 정도로 대학 진학률이 극단적으로 높아졌다. 1980년대 30%대에 머물던 대학 진학률은 2010년대에 80%대까지 상승하였다. 최근 약간 줄어들기는 했어도 여전히 70%대로 세계 최고 대학 진학률을 유지하고 있다.

이러한 변화와 더불어 나타난 새로운 변화 중 하나는 한국에서 여성의 대학 진학률이 남성의 대학 진학률을 앞지르기 시작했다는 점이다. '남아선호'가 지배했던 가부장제 사회에서 교육은 남성의 몫이었고, 장남의 교육이 집안을 살리는 일로 인식되기조차 했다. 교육이 중시되었지만, 경제적으로 어려웠기 때문에, 아들 중심 혹은 장자 중심의 교육

관이 가족 내에서 형성되었다. 그러나 교육이 개인의 능력을 평가하는 중요한 지표라는 인식이 지배하는 한국사회에서 최근 여성이 남성보다 더 높은 대학 진학률을 보이기 시작한 것은 놀라운 변화이다. 남성 중심 가부장제 사회에 불어 닥친 이러한 변화는 '조용한 혁명'이라고 불릴 수 있다. 이것은 별로 관심을 받지 못한 상태에서 엄청난 변화가 일어났다는 것을 의미한다. 이러한 변화는 앞으로 여러 부분에서 파급적인 변화를 촉발시킬 것이며, 또한 현재 계속되고 있는 진행형의 변화이기도 하다.

그러나 2019년 기준으로 한국에서 경제활동이 가능한 여성들 가운데 절반 정도는 경제활동에 참가하지 못하고 있거나 혹은 참가하지 않고 있다. 2019년 한국 여성의 경제활동 참가율은 54% 정도로 OECD에서 가장 낮은 수준에 머무르고 있다. 여성의 역량강화와 사회적 진출 사이에는 단기간에 극복할 수 없는 커다란 간극이 놓여 있는 셈이다. 교육에서의 여성의 약진이라는 큰 변화와 노동시장 내에서 강고하게 유지되고 있는 여성 배제라는 현실에서 젠더 갈등의 사회적 원인을 찾을 수 있다.

그렇다면, 현재 진행되고 있는 교육에서의 큰 변화는 세대 간 사회이동과 관련하여 어떤 효과를 낳고 있는가? '조용한 혁명'은 사회이동 체제에 어떤 변화를 낳고 있는가? 아직도 여성들의 취업에 있어서 차별이 존재하고, 또한 강력한 성적 직무분리에 의한 여성 직종과 남성 직종의 분리가 유지되고 있다. 그리고 출산과 육아로 인하여 여성들의 직업활동이 중단되고 있다. 아직도 한국 여성은 대학 졸업 후 높은 경제활동참가율을 보이다가 결혼이나 출산 시 경제활동이 중단되고, 자녀가 어느 정도 성장한 이후 다시 경제활동에 참가하여, M자형 경제활동참가율 곡선을 보여주고 있다. 그러므로 한국 사회에서 조용한 교육혁명은 아직까지 노동시장의 혁명으로 이어지지는 못하고 있다.

대학교육의 확대로 인하여, 대학 졸업자의 프리미엄은 크게 약화되었지만, 젠더에 따라서 그 효과는 다르게 나타났다. 대졸 남성이 독점하였던, 관리직과 전문직에서 대졸 남성의 비율은 크게 줄어들었다. 대학교육이 확대되면서 가족 배경의 효과도 또한 약화되었다. 남성의 경우, 아버지의 학력은 대졸 남성의 관리직과 전문직 진출에 별다른 차이를 낳지 않는 것으로 나타났다. 그러나 가족배경은 여성에게는 아직도 크게 영향을 미치는 것으로 나타났다. 대졸 여성들 가운데 아버지 학력이 높을수록, 관리직과 전문직에 종사하는 비율이 더 높은 것으로 나타났다.

여성에게 교육은 결혼과 관련하여 또 다른 의미를 지니고 있다. 여성의 경제활동참여가 제한적인 사회에서 여성들의 고등교육은 사회경제적 지위가 높은 배우자를 만날 수 있는 조건으로 작용하기 때문이다. 한국과 같이 동질혼의 비중이 높은 사회에서 고등교육을 받은 여성들의 경우, 자신들과 비슷하거나 혹은 자신의 학력보다 높은 수준의 교육을 받은 배우자를 만날 수 있다. 이러한 승혼은 여성들의 경우, 결혼을 통해서 상승 이동을 할 수 있는 사회이동의 하나이다. 가부장제 사회에서 남성들의 경우, 자신의 교육수준과 비슷하거나 낮은 배우자를 선택(강혼)하며, 여성들의 경우는 자신보다 같거나 높은 교육수준의 배우자를 선택(승혼)하게 된다. 그러므로 여성의 경우, 고등교육은 상대적으로 사회경제적 지위가 높거나 앞으로 높아질 수 있는 조건을 갖춘 배우자를 만나게 될 가능성을 높인다. 결과적으로 교육은 한국의 여성들에게 노동시장 이외에 결혼을 통해서 사회이동을 가능하게 하는 사회이동 통로이다.

대졸 여성은 관리직과 사무직 남편을 배우자로 할 가능성이 고졸이나 중졸 여성에 비해서 훨씬 높다. 이 점은 여성의 학력이 여성의 사회이동에 중요한 요소로 작용하고 있음을 보여준다. 그러나 대졸 여성이 관리직과 사무직 배우자를 맞을 가능성은 점차 약화되고 있는 것으로 나타났다. 이러한 현상은 대졸 여성의 비율이 지속적으로 높아지면서 나타난 추세라고 볼 수 있다. 결혼에서도 대졸자 프리미엄이 점차 약화되고 있다.

이와 관련하여 나타나는 현상은 대학을 졸업했다는 것이 아니라 '어떤 대학'을 졸업했느냐가 더 중요해지는 변화로 나타나고 있다. 이것은 대학의 양적 팽창이 낳은 또 다른 대학 체제의 변화이다. 대학입시 경쟁이 아니라 특정 대학에 입학하기 위한 경쟁이 지속되고 있고, 이것은 남성과 여성에게도 마찬가지로 나타나고 있다. 여성의 대학 입학이 늘어났지만, 노동시장 진출이 어려워지면서, 대학 졸업장이 아니라 어떤 대학을 졸업했는가가 중요해지기 때문에, 노동시장에서 불리한 여건에 놓여 있는 여학생들이 남학생들보다 학력 경쟁에서 더 적극적인 태도를 보이고 있다. 가부장제 사회에서 노동시장 진출이 아닌 결혼에서도 학력이 중요하기 때문에, 교육은 남성보다 여성들에게 더 중요해졌다. 이러한 점에서 21세기 한국에서 가시화된 '젠더 역전 현상'은 더 심화될 것으로 기대된다. 그러나 이러한 교육에서의 여성 우위와 노동시장에서의 여성 배제는 한국사회의 모순을 드러내는 핵심적인 사회 변화이다.

CHAPTER

05

한국에서 교육은 성별에 따라서 어떻게 다르게 작동했는가?

CHAPTER 05

한국에서 교육은 성별에 따라서 어떻게 다르게 작동했는가?

1. 교육을 통한 사회이동에서 성별격차는 줄었는가?
2. 젠더, 교육과 사회이동에서 나타난 한국사회의 특성

CHAPTER 05

한국에서 교육은 성별에 따라서 어떻게 다르게 작동했는가?

1. 교육을 통한 사회이동에서 성별격차는 줄었는가?

젠더는 생물학적인 성(남성과 여성)이 사회적으로 남성과 여성을 분리시키는 방식으로 작동하는 사회적인 차원에서의 성의 의미를 포착하기 위한 용어이다. 생물학적인 남성과 여성의 구분이 역사적으로 또한 사회마다 매우 다른 방식으로 작동하면서, 남성과 여성은 사회마다 각기 다르게 자신들의 생애과정을 경험하게 된다.

오랜 기간 남성 중심적인 문화와 사회질서를 유지해 온 한국사회에서 여성은 교육기회와 일에서 남성에 비해서 차별적인 대우를 받았다. 각 가정에서 부모가 아들과 딸을 다르게 양육하는 가족 수준에서 작동하는 가부장제는 다소 약화되었지만, 여전히 지속되고 있다. 아들을 중심으로 대를 잇는 가부장제 체제하에서 여성은 교육에서도 배제되었다. 교육을 받는 경우에도 남성과는 다른 기대 속에서 여성의 교육이 이루어졌다. 남성의 경우, 직업을 갖고, 경제활동을 통해서 가족의 경제적인 자원을 책임지는 ‘가장의 역할’을 담당한다는 의미에서 교육이 이루어졌다. 결혼한 남성은 가족의 생계를 책임진다는 남성 가장가구 모형이 지배적인 가족 모형이었기 때문에, 남성의 교육은 직업과 소득의 획득과 직접 관련하여 인식되었다. 그러므로 남성에게서 교육은 남성이 가장인 가구의 사회경제적 지위를 결정짓는 핵심적인 요인으로 인식되었다.

반면, 20세기 중후반까지 여성의 경우 교육은 결혼에서 좋은 남편을 얻기 위한 자격으로 인식되는 경우가 많았다. 이것은 사회적 자본으로 불리는 것으로 자본 소유자에게 배타적인 혜택이나 이익을 가져다주는 비가시적인 역량을 지칭한다. 여성이 독자적으로 평생 동안 직업활동을 통해서 소득을 얻으면서 살아간다는 것은 아주 예외적인 일로 인식되었다. 그 결과, 여성의 경제활동참가율이 매우 낮았고, 기혼 여성의 경제활동참가는 주로 소득이 낮은 계층에서 이루어졌다. 이러한 사회적 인식이 널리 확산되었기 때문에, 채용에 있어서도 고용주가 여성들이 결혼이나 출산을 하게 되면, 일을 그만 둘 것이라고 생각하여, 여성 고용을 기피하거나 채용을 하더라도 경력이나 승진과는 관계가 없는 일을 시키는 경우가 많았다. 그러므로 여성들에게 교육은 취업보다는 결혼과 관련하여 인식되는 경우가 많았고, 고등교육은 고학력자와 결혼에 있어서 필수적으로 요구되는 자격으로 인식되었다. 1970년대까지 여성의 대학교육은 이상적인 어머니의 덕목으로 알려진 “현모양처”의 핵심 요건으로 인식되었던 것이다.

그러나 지난 30년 동안 한국의 교육에서 큰 변화가 일어났다. 많은 사람들이 인지하지 못하는 사이에 여성의 교육 성취는 남성을 능가하기 시작하였고, 고등교육 진학률에서도 여성이 남성을 능가하는 ‘조용한 혁명’이 일어났다. 전반적으로 자녀수가 감소하고, 교육기회가 확장되면서, 아들과 딸을 구분하여 교육시키는 것 자체의 의미가 거의 사라졌다. 교육성과에서도 여학생이 남학생을 앞지르기 시작하였다. 전통적으로 수학과 과학에서 남학생이 여학생보다 더 뛰어나다는 것도 더 이상 사실이 아닌 것으로 나타났다. OECD가 실시하고 있는 중학교 3학년 학업능력 평가인 PISA 테스트에서 읽기뿐만 아니라 여러 나라에서 과학과 수학에서도 여학생이 남학생을 능가하였다. 한국의 교육 부문에서 나타난 '젠더 역전 현상'은 아직까지 어느 정도 예외적인 현상일 수 있다. 왜냐하면, 최근 이루어진 PISA 테스트에서 OECD 모든 국가들에서 읽기 능력은 여학생이 남학생을 능가하는 것으로 나타났지만, 수학과 과학에서는 2/3 정도의 국가들에서 여전히 남학생이 여학생을 능가하는 것으로 나타났기 때문이다.

한국에서 일어난 젠더 인식의 변화는 여아선호에서도 나타나고 있다. 젊은 부부들이 남아보다 여아를 선호하는 비율이 훨씬 더 높아지기 시작하였다. 2010년대 들어서 남아선호보다 여아선호가 더 강하게 나타나기 시작했다. 2012년 남아선호는 30.3%에 불과했지만, 여아선호는 46.9%에 달하였다. 이러한 추세는 신생아의 성별에 차이를 두지 않는 경향이 강화되는 것과 더불어 나타난 새로운 변화이다.[1)] 가부장제 사회에서 나타나는 일반적인 특징인 남아선호가 약화되고, 여아선호가 더 두드러지게 된 것은 한국사회 저변에서 엄청난 변화가 일어나고 있다는 것을 의미한다.

그러나 적어도 가족과 학교 수준에서 젠더와 관련하여 커다란 변화가 일어났지만, 교육과 노동시장에서의 젠더는 여전히 전통적인 양상을 보여주고 있다. 대학 전공 선택에서 남학생과 여학생은 큰 차이를 보여주고 있다. 여학생들이 인문사회과학이나 예술에 집중되어 있고, 수학, 과학과 공학을 선택하는 비율은 여전히 낮은 수준에 머물고 있다. 여학생들의 STEM 기피 현상은 여전히 강하게 유지되고 있다. 출생 단계에서 여아에 대한 선호가 크게 높아졌지만, 여학생들에게 적합한 교육수준과 전공과 관련하여서는 아직까지 큰 변화가 일어나지는 않았다는 것을 의미하다. 고등교육에서 오랜 기간 동안에 형성된 젠더화된 전공 이미지가 아직까지 강하게 유지되고 있다.

또한 대학 졸업 후 노동시장으로의 진출과 관련하여서도 큰 변화는 일어나고 있지는 않다. 여학생들의 경우, 경제활동참가율이 아직도 낮은 수준이고, 경제활동에 참가한 이후, 결혼과 출산을 하는 경우에 직장을 떠나는 경우가 많다. 특히 출산 이후에 직장을 계속해서 다닐 수 있는 여건이 제도적으로 제대로 마련되어 있지 못하기 때문에, 출산 후 직장을 유지하는 비율은 대단히 낮다. 그 결과, 교육에서 나타난 "젠더 역전 현상"이 노동시장에서의 새로운 변화로는 아직까지 이어지지 못하고 있다. 젠더가 중요하게 영향을 미치지 않는 사적 영역인 가족생활과 중등교육 영역에서는 여성 배제가 크게 약화되거나 여성이 남성을 능가하는 현상이 나타났지만, 대학 전공 선택과 관련하여 또한 고용관계와 조직중심의 생활이 지배적인 경제영역에서 여성들은 아직도 배제되고 있다.

교육에서의 큰 변화와는 달리, 노동시장에서의 여성 배제와 차별은 지속되고 있다. 성적 직무분리나 출산이나 육아로 인한 경력단절과는 무관하게 같은 직종, 같은 조직 내에서 여성과 남성의 임금 격차는 유의미하게 크게 유지되고 있다. 경력단절 이전, 대학졸업 직후 성별 임금격차는 매우 독특한 현상이다. 교육에서의 젠더 역전 현상은 노동시장에서의 여성 배제 현실과 극명하게 대조를 이루고 있다.

이러한 현실에서 교육은 여성들에게 취업을 목적으로 하는 남성들과는 다른 의미를 지니고 있다. 특히 여성의 사회이동과 관련하여, 교육은 여성에게 두 가지 서로 다른 의미를 지닌다. 하나는 남성과 마찬가지로 여성에게도 교육이 직업 획득을 통한 사회이동에 영향을 미친다. 여성의 경제활동참가가 지속적으로 증가하면서, 여성들에게도 교육이 직업획득과 관련하여 더 중요한 의미를 지니게 되었다. 다른 하나는 여성들에게 교육은 취업보다는 결혼을 통해서 사회적 지위가 유사하거나 더 높은 배우자를 만날 수 있는 사회적 자본으로 기능한다.

동질혼 비율이 높은 사회에서 대학 졸업 여성은 적어도 대학 졸업을 했거나 더 높은 학력을 지닌 남성과 결혼할 가능성을 가진다. 그러므로 여성의 대학교육은 대학졸업 이상의 고학력, 고소득 배우자를 만날 가능성을 높인다. 결혼을 통한 사회이동에서 교육이 중요한 역할을 담당한다.

교육이 취업보다는 결혼에서 더 중요한 역할을 하는 것은 여성의 불이익이 취업과정에서 강하게 유지되고 있기 때문에, 제3장에서 다룬 것처럼 여성은 경력단절 이전 단계부터 남성에 비해서 낮은 임금을 받고 있다. 대학을 졸업한 직후부터 여성과 남성의 임금 격차가 발생하는 주된 요인은 여성과 남성이 서로 다른 직종에 할당되기 때문이다. 같은 직종 내에서의 차별은 크지 않지만, 서로 다른 직종으로 남녀가 분포되면서, 임금 격차가 발생하고 있다. 교육에서 이루어진 조용한 혁명은 노동시장에서는 아직 실질적인 변화를 만들어 내지 못하고 있다.

2. 젠더, 교육과 사회이동에서 나타난 한국사회의 특성

교육에서의 큰 변화는 세대 간 사회이동에 어떤 효과를 낳고 있는가? 가족과 교육분야에서 일어난 '조용한 혁명'은 사회이동 체제에 어떤 변화를 낳고 있는가? 대학교육의 확대로, 대학 졸업자의 프리미엄은 크게 약화되었다. 그러나 대학의 프리미엄은 남성과 여성에서 다르게 나타났다. 대졸자가 독점했던, 관리직과 전문직에서 대졸 남성의 비율은 크게 줄어들었다. 대학교육이 확대되면서 가족 배경의 효과도 약화되었다. 남성의 경우, 아버지의 학력은 대졸 남성의 관리직과 전문직 진출에 별다른 차이를 낳지 않는 것으로 나타났다. 그러나 여성에게는 가족배경이 아직도 크게 영향을 미치는 것으로 나타났다. 대졸 여성들 가운데 아버지 학력이 높을수록, 관리직과 전문직에 종사하는 비율이 더 높은 것으로 나타났다.

여성의 경제활동참가가 제한적으로 이루어지고 있는 한국사회에서 여성들의 고등교육은 승혼을 통한 상승이동 수단으로 기능한다. 교육은 한국의 여성들에게 노동시장 이외에 결혼을 통해서 사회이동을 경험하게 한다. 대졸자의 지속적인 양적 증가로 대졸 여성이 관리직과 사무직 배우자를 맞을 가능성은 점차 약화되고 있는 것으로 나타났다. 대졸자의 비율이 지속적으로 증가하면서 나타난 추세라고 볼 수 있다. 전반적으로 결혼에서도 대졸자 프리미엄이 점차 약화되고 있다.

그 대신에 대학졸업자가 아니라 어떤 대학을 졸업했는가 하는 "대학의 수준"이 더 중요해지는 변화가 나타나고 있다. 대학입시 경쟁이 아니라 특정 대학에 입학하기 위한 학생들의 경쟁이 가속화되는 이유이다. 여학생들의 경우에도, 대학 입학이 늘어났지만, 대학을 졸업했다는 것 자체가 아니라 "어떤 대학을 졸업했는가"가 더 중요해졌다. 노동시장 진출뿐만 아니라 결혼에서도 학력이 중요하기 때문에, 교육은 여성들에게는 더 중요해졌다. 이런 점에서 21세기 한국에서 가시화된 교육 부문에서 일어난 '젠더 역전 현상'은 더 심화될 것으로 기대된다. 그러나 고등교육을 받은 여성들과 여성 배제적 노동시장 사이의 간극은 고등교육을 받은 여성들이 한국의 가부장제에 더 강한 불만과 저항을 낳게 할 것이다. 그러나 다른 한편, 가부장제 사회에서 동질혼을 통한 대졸자 여성이 누리는 결혼에서의 프리미엄이 유지되는 한, 고학력 여성들의 불만과 저항은 제한적으로 나타날 것이다. 주된 이유는 고학력 여성들에게는 결혼이라는 탈출구가 있기 때문이다.

미주

제 1 장

1) McKitterick ed. 1990.
2) Philippe Ariès, 1962.
3) 오늘날 문해력(literacy)이라고 부르는 문자 해독 능력은 글을 쓰는 능력을 포함하지 않는다. 글을 쓰는 것은 문법과 문장 구성 능력을 포함하는 보다 높은 수준의 언어 구사능력을 필요로 한다. 글을 쓰지 않아도 읽을 수 있는 이해력을 지닌 상태를 문해력이라고 부른다.
4) Becker, 1964; Mincer, 1974.
5) Bowles & Gintis, 1976.
6) Spenser, 1973.
7) Blau & Duncan, 1964.
8) Bourdieu, 1984
9) 대표적으로 장상수, 2001 및 2009, Breen, 2019; Bukodi & Goldthorpe, 2018; OECD, 2018; Lawler & Payne, 2017.
10) Roemer, 1998: 1-2.
11) Bourdieu, 1995.
12) Elango, Garcia, Heckman, & Hojman, 2019.
13) Nelson, 1996.
14) Hart & Risley, 2003.
15) James Joseph Heckman, 2008.
16) Anderson, 1999.
17) Rawls, 1971: ch.1.
18) Rawls, 1971: 152-157.
19) Rawls, 1971: 75-78.
20) Rawls, 1971: 83-89.
21) Rawls, 2001: 42-44.
22) 한국교육개발원, 2020.
23) 전국 만 3세~5세 유아 중 유치원에 다니고 있는 유아의 비율은 2013년 46.7%, 2014년 47.0%, 2015년 48.9%, 2016년 49.0%과 2017년 47.4%로 절반 이상의 유아들이 교육을 받지 못하고 있다. 그러나 국제적인 수준

에서 한국의 유아 유치원 참가 비율은 높은 편이다.

24) ‘스펙’이라는 용어는 컴퓨터를 구성하고 있는 부품의 사양을 지칭하는 specification에서 유래한 말로 입시나 채용 과정에서 내세울 수 있는 능력이나 경력으로 학력, 학점, 자격증, 해외체류 경험, 인턴경험 등을 포함한다.

25) Shavit & Blossfeld, 1993.

26) Swedish Government Official Reports, SOU 2010: 53.

27) Kimmel, 2015: 11－12.

28) Perlman, 2016.

29) 박권일 · 우석훈, 2007.

제 2 장

1) Humphries, 2010.
2) OECD, 2018: 5－6.
3) Stoet & Geary, 2018.
4) Farrell & Gray, 2019.

제 3 장

1) 이 장은 『한국사회학』 53권 1호에 실린 김창환, 오병돈의 논문 “경력단절 이전 여성은 차별받지 않는가? 대졸 20대 청년층의 졸업 직후 성별소득격차 분석”을 기초로 하였다.
2) OECD, 2018.
3) 김영미, 2009; 김주영, 2009; 신광영, 2011; 유경준, 2001.
4) 김난주, 2017.
5) 예를 들어 jtbc 2016년 3월 9일자 “[팩트체크] 남녀 임금격차 OECD 중 최악? 확인해보니…”
   http://news.jtbc.joins.com/article/article.aspx?news_id=NB11189500
6) 권혜자, 2018.
7) 최유진 외, 2016.
8) 고용노동부, 2018.
9) 예를 들어, 김난주, 2017; 김주영, 2009; 민현주, 2011.
10) 예를 들어, Lee & Lee, 2006.
11) Goldin & Mitchell, 2017.
12) Goldin, Kerr, Olivetti, & Barth, 2017.

13) Murphy & Welch, 1990.
14) 유정미, 2017.
15) Bielby & Baron, 1986; Tomaskovic-Devey & Skaggs, 1999.
16) Guryan & Charles, 2013.
17) Charles & Bradley, 2009; England & Li, 2006; Jacobs, 1986.
18) Bobbitt-Zeher, 2007; Dey & Hill, 2007.
19) Kim, Tamborini, & Sakamoto, 2015.
20) 유정미, 2017; 이경희 · 김태일, 2007; 장수명, 2002.
21) 류재우, 2004; 이경희 · 김태일, 2007; Daymont & Andrisani, 1984; Gerber & Schaefer, 2004; Grogger & Eide, 1995.
22) Angle & Wissmann, 1981.
23) 예를 들어 Bobbitt-Zeher, 2007.
24) 수평계층화에 대해서는 다음 논문들을 참고하라: Dale & Krueger, 2002; Davies & Guppy, 1997; Gerber & Cheung, 2008.
25) 서울대학교 다양성위원회, 2017.
26) 이병희, 2004.
27) 김정숙, 2006; 박연복, 2017.
28) Bergman, 1974; Charles, 1992; England, Farkas, Kilbourne, & Dou, 1988; Shauman, 2006; Treiman & Hartmann, 1981.
29) Kim & Sakamoto, 2010.
30) 분석대상을 30대 초반까지 확장해도 결과에는 차이가 없다.
31) Song et al., 2019.
32) [그림 3.5]에 나타내지는 않았지만 전공별로 소득에 상당한 차이가 있다. 전공의 주효과를 보면 기본 모형에서 공학전공이 인문전공에 비해 소득이 15.0% 높고, 사회과학은 9.2%, 의료/보건은 7.9%, 교육학은 5.3%, 자연과학은 4.0% 높다. 인문학보다 소득이 낮은 전공은 스포츠/예술(-9.7%) 뿐이다.
33) 상위 10개 대학과 차상위 10개 대학 분류는 중앙일보 대학평가의 최근 5개년 순위 평균을 이용하였다. 중앙일보의 최근 평가에서 한국과학기술대(KAIST)와 포항공대가 누락되어 있어, 두 개 대학은 상위 10개 대로 분류하였다.
34) GOMS는 조사 시점의 소득과 졸업 후 첫 직장의 소득을 모두 조사하였다. 본 연구는 조사 시점의 소득을 이용하였다.

제4장

1) 결혼정보회사에서는 학력 정보가 중요하기 때문에 회원 학력의 정확성을 보장하기 위하여 회원가입의 조건으로 졸업증명서까지 요구하고 있다.
2) 신광영·조은, 1998.
3) Park & Smits, 2005.
4) OECD, 2011: 26.
5) 박혜경, 2009.

제5장

1) 2012년 한국종합사회조사(KGISS)에서 아들 선호는 30.3%로 나타났고, 여아 선호는 46.6%, 상관없다는 응답이 22.8%로 나타났다. 2014년 남아 선호는 27.6%로 줄어들었고, 여아 선호는 45.1%로 유지된 반면, 상관없다는 응답이 27.3%로 높아졌다(김지범 외, 2019: 545).

참고문헌

고용노동부. 2018. "고용노동부 대상자별 정책: 여성, 경력유지 및 경력단절 예방." http://www.moel.go.kr/policy/policyinfo/woman/list.do (2019년 1월 14일 접근).

고용정보원. 2017. 대졸자직업이동경로조사(GOMS).

고용정보원. 2019. 청년고용패널조사.

교육개발원. 2017. 『2017 교육기본통계 주요내용』.

교육부. 2009. 『2009 초중고 사교육비 조사』.

______. 2018a. 『2009 초중고 사교육비 조사』.

______. 2018b. 『2017년 고등교육기관 졸업자 취업통계』 교육부.

권혜자. 2018. "20대 후반 여성 고용률의 역전과 고용정책 시사점." 한국고용정보원 고용동향 브리프 2018-03.

김경근. 2000. "가족 내 사회적 자본과 아동의 학업성취." 『교육사회학연구』 10(1): 21-40.

김경근 · 변수용. 2007. "한국사회에서의 학업성취에 대한 문화자본의 영향." 『교육사회학연구』 17(1). 23-51.

김난주. 2017. "세대별 성별 임금격차 현황과 시사점." 『이화젠더법학』 9(2): 69-124.

김동욱. 2019. "고등교육기관졸업자 취업 실태" 노동리뷰 6월호, 97-99.

김미숙. 2006. "한국 여성노동력의 성격변화와 노동정책: 1960-2000." 『한국인구학』 29(1): 133-156.

김영미. 2009. "분포적 접근으로 본 한국 성별임금격차 변화, 1982-2004년." 『경제와사회』 84: 206-229.

김영화. 1992. “학부모의 교육열: 사회계층간 비교를 중심으로.”『교육학연구』 30(4), 173－197.
김유선. 2016. “비정규직 규모와 실태 – 통계청, ‘경제활동인구조사 부가조사’(2016.3) 결과.” KLSI Issue Paper 2016.6.17 제4호.
김정숙. 2006. “학생의 직업가치에 관한 연구.”『한국청소년연구』 17(1): 79－102.
김주영. 2009. “성별 임금격차와 여성의 경력단절.”『월간노동리뷰』 2009(7): 38－51.
김지범 · 강정한 · 김석호 · 김창환 · 박원호 · 이윤석 · 최성수 · 최슬기 · 김솔이. 2010.『한국종합사회조사 KGSS 2003－2018』, 성균관대출판부.
김창환 · 오병돈. 2019. “경력단절 이전 여성은 차별받지 않는가? 대졸 20대 청년층의 졸업 직후 성별소득격차 분석.”『한국사회학』 53(1): 167－204.
류재우. 2004. “과학기술 인력의 노동시장 성과 및 근래의 성과.”『노동경제논집』 27(1): 107－134.
류재우. 2004. “과학기술 인력의 노동시장 성과 및 근래의 성과.”『노동경제논집』 27(1): 107－134. pp. 173－231.
민현주. 2011. “여성의 경력단절 기간별 생애사적 효과분석.”『한국인구학』 34(1): 53－72.
박연복. 2017. “대학생의 취업선호도 유형 분류 및 개인 변인의 영향력 분석.”『직업능력개발연구』 20(3): 1－27.
박혜경. 2009. “한국 중산층의 자녀 교육경쟁과 ‘전업 어머니’ 정체성”『한국여성학』 8: 159－196.
서울대학교 다양성위원회. 2017. “서울대학교 다양성 보고서 2017.” 서울대학교.
신광영 · 조은. 1998. “젠더와 사회이동”『한국사회학』 32: 715－735.
신광영. 2011. “한국의 성별 임금격차: 차이와 차별.”『한국사회학』 45(4): 97－127.
유경준. 2001. “성별 임금격차의 차이와 차별.”『한국개발연구』 23(1/2): 193－232.

유정미. 2017. “청년세대 노동시장 진입 단계의 성별임금격차 분석.” 『한국여성학』 33(1): 107－155.
이경희·김태일. 2007. “대학순위와 전공의 임금효과: 성별 격차를 중심으로.” 『교육학연구』 45(3): 167－197.
이병희. 2004. “대학 전공의 노동시장 성과.” 『노동정책연구』 4(4): 1－20.
이성균·김영미. 2010. “한국의 서비스산업 확대는 남녀임금격차에 어떤 영향을 미치는가?” 『한국사회학』 44(1): 1－25.
임정준. 2010. “여성의 교육수준과 직종에 따른 임금차별에 대한 실증분석.” 『한국여성학』 26(4): 39－61.
장경섭. 2002. “사회투자가족의 위기: 세계화, 가족문화, 학력투쟁.” 『한국사회과학』 24(1), 142－169.
장상수. 1999. “한국사회의 교육수준별 혼인유형과 그 변화.” 『한국사회학』 33(2): 417－48.
______. 2000. “교육기회의 불평등: 가족배경이 학력성취에 미치는 영향.” 『한국사회학』 34(3): 671－708.
______. 2001. 한국의 사회이동, 서울대출판부.
______. 2006. “여성의 고등교육 이수기회: 누가 왜 딸을 대학에 보냈는가?” 『한국사회학』 40(1): 127－156.
______. 2009. 교육과 사회 이동, 그린.
______. 2013. “여성의 교육 기회 변화: 학업 성적과 대학 교육.” 김상욱 외 저. 『한국 사회의 공정성1990－2011』, 194－237. 서울: 성균관대학교 출판부.
장수명. (2002). “대학교육의 경제학.” 『노동정책연구』 2(1): 47－79.
최유진·이택면·황정임·마경희·주재선·김은지·이현재·문희영. 2016. “2016년 양성평등 실태조사 분석 연구.” 여성가족부 연구보고 2016－96.
통계청. 2003. 한국통계연감.
______. 2017. 『2017 통계로 본 여성의 삶』, 통계청.
______. 2020. e－나라지표.
한국교육개발원. 2008－2011. 교육과 사회이동.

______________. 2020. 교육통계연보.
한국노동연구원. 2019. 한국노동임금패널조사(KLIPS), 1998－2019.
황정원. 2016. “통계로 본 우리나라 대졸자의 취업 현황”『이슈통계』 2016. 7. 25.
허은. 2013. “노동시장 계층별 성별직업분리에 관한 연구: 수직적/수평적 분리를 중심으로.”『한국사회학』 47(2): 241－266.

Angle, John and David A. Wissmann. 1981. “Gender, College Major, and Earnings.” *Sociology of Education* 54(1): 25－33.
Aries, Philippe. 1962. *Centuries of Childhood*, London: Penguin.
Arneson, Richard J. 1999. “Egalitarianism and Responsibility”, *Journal of Ethics*, 3: 225-247.
Barro, Robert. and Jong－Hwa Lee (2013), “A New Data Set of Educational Attainment in the World, 1950－2010”, *Journal of Development Economics*, 104: 184－198.
Becker, Gary J. 1964. *Human Capital: A Theoretical and Empirical Analysis, with Special Reference to Education*. Chicago: University of Chicago Press.
Bergmann, Barbara R. 1974. “Occupational Segregation, Wages and Profits When Employers Discriminate by Race or Sex.” *Eastern Economic Journal* 1(2): 103－110.
Bielby, William and James N. Baron. 1986. “Men and Women at Work: Sex Segregation and Statistical Discrimination.” *American Journal of Sociology* 91(4): 759－799.
Bobbitt－Zeher, Donna. 2007. “The Gender Income Gap and the Role of Education.” *Sociology of Education* 80(1): 1－22.
Bourdieu, Pierre. 1984. *Distinction: A Social Critique of the Judgement of Taste*. London: Routledge.
Breen, Richard. 2019. “Education and intergenerational social mobility in the US and four European countries,” *Oxford Review of*

Economic Policy, 35(3), 445–466.

Bukodi Erzsébet and John H. Goldthorpe. 2018. *Social Mobility and Education in Britain: Research, Politics and Policy*, Cambridge: Cambridge University Press.

Charles, Maria and Karen Bradley. 2009. "Indulging Our Gendered Selves? Sex Segregation by Field of Study in 44 Countries." *American Journal of Sociology* 114(4): 924−976.

Charles, Maria. 1992. "Accounting for Cross−national Variation in Occupational Sex Segregation." *American Sociological Review* 57(4): 483–502.

Dale, Stacy Berg and Alan B. Krueger. 2002. "Estimating the Payoff to Attending a More Selective College: An Application of Selection on Observables and Unobservables." *Quarterly Journal of Economics* 117(4): 1491−1527.

Davies, Scott and Neil Guppy. 1997. "Fields of Study, College Selectivity, and Student Inequalities in Higher Education." *Social Forces* 75(4): 1417−1438.

Daymont, Thomas N. and Paul J. Andrisani. 1984. "Job Preferences, College Major, and the Gender Gap in Earnings." *Journal of Human Resources* 19(3): 408−428.

Dey, Judy Goldberg and Catherine Hill. 2007. "Behind the Pay Gap." AAUW Educational Foundation: Washington, DC.

England, Paula and Su Li. 2006. "Desegregation Stalled: The Changing Gender Composition of College Majors, 1971−2002." *Gender & Society* 20(5): 657−677.

England, Paula, George Farkas, Barbara Kilbourne, and Thomas Dou. 1988. "Explaining Occupational Sex Segregation and Wages: Findings from a 모형 with Fixed Effects." *American Sociological Review* 53(4): 544−558.

Farrell, Warren and John Gray. 2019. *The Boy Crisis: Why Our Boys*

Are Struggling and What Can We Do About It?, Benballa Books.
Fitzsimons, P. (2017) Human Capital Theory and Education. In: Peters M.A. (eds) *Encyclopedia of Educational Philosophy and Theory*. Springer, Singapore.
Gerber, Theodore P. and David R. Schaefer. 2004. "Horizontal Stratification of Higher Education in Russia: Trends, Gender Differences, and Labor Market Outcomes." *Sociology of Education* 77(1): 32－59.
Gerber, Theodore P. and Sin Yi Cheung. 2008. "Horizontal Stratification in Postsecondary Education: Forms, Explanations, and Implications." *Annual Review of Sociology* 34: 299－318.
Goldin, Claudia and Joshua Mitchell. 2017. "The New Life Cycle of Women's Employment: Disappearing Humps, Sagging Moddles, and Expanding Tops." *Journal of Economic Perspectives* 31(1): 161－182.
Goldin, Claudia, Sari Pekkala Kerr, Claudia Olivetti, and Erling Barth. 2017. "The Expanding Gender Earnings Gap: Evidence from the LEHD－2000 Census." A*merican Economic Review: Papers and Proceedings* 107(5): 110－114.
Grogger, Jeff and Eric Eide. 1995. "Changes in College Skills and the Rise in the College Wage Premium." *Journal of Human Resources* 30(2): 280－310.
Guryan, Jonathan and Kerwin Kofi Charles. 2013. "Taste－based or Statistical Discrimination: The Economics of Discrimination Returns to its Roots." *The Economic Journal* 123(572): F417－F432.
Hart, B., & Risley, T. R. 2003. "The early catastrophe: The 30 million word gap by age 3." *American Educator*, (Spring), 4-9.
Heckman, James. 2008. *The case for investing in disadvantaged young children. Big ideas for children: Investing in our nation's future.* Washington, DC: First Focus.

Humphries, Jane. 2010. *Childhood and Child Labour in the Industrial Revolution*, Cambridge: Cambridge University Press.

Jacobs, Jerry A. 1986. "The Sex−Segregation of Fields of Study: Trends during the College Years." *Journal of Higher Education* 57(2): 134−154.

Kalmijn, M. 1998. "Intermarriage and homogamy: Causes, Patterns and Trends". *Annual Review of Sociology*. 24: 395−421.

Kim, ChangHwan and Arthur Sakamoto. 2010. "Have Asian American Men Achieved Labor Market Parity with Whites?" *American Sociological Review* 75(6): 934−57.

Kim, ChangHwan, Christopher R. Tamborini, and Arthur Sakamoto. 2015. "Field of Study in College and Lifetime Earnings in the United States." *Sociology of Education* 88(4): 320−339.

Kim, ChangHwan. 2013. "Detailed Wage Decompositions: Revisiting the Identification Problem." *Sociological Methodology* 43: 346−63.

Kimmel, Michael. 2010. *Boys and School: A Background Paper on the "Boy Crisis"*, Swedish Government Official Reports SOU: 2010: 53.

Lawer, Steph and Goeff Payne. 2017. *Social Mobility for the 21st Century: Everyone a Winner?*, London: Routledge.

Lee, Byung−Joo and Mary J. Lee. 2006. "Quantile Regression Analysis of Wage Determinants in the Korean Labor Market." *Journal of the Korean Labor Market* 7(1): 1−31.

McKitterick, Rosmond ed. 1990. *The Use of Literacy in the Mediaeval Europe*, Cambridge: Cambridge University Press.

Mincer, Jacob. 1974. *Schooling, experience, and earnings*. New York: Columbia University Press.

Murphy, Kevin M. and Finis Welch. 1990. "Empirical Age−Earnings Profiles." *Journal of Labor Economics* 8(2): 202−229.

Nelson, Katherine. 1996. *Language in Cognitive Development: The*

Emergence of the Mediated Mind, Cambridge: Cambridge University Press.

OECD. 2011a. *The Futures of Families to 2030: A Synthetic Report*, Paris: OECD.

_____. 2011b. Education at a Glance 2011, Paris: OECD.

_____. 2015. *The ABC of Gender Equality in Education: Aptitude, Behaviour, Confidence*, Paris: OECD.

_____. 2018. "Gender Wage Gap" https://data.oecd.org/earnwage/gender－wage－gap.htm (Retrieved January 11, 2019).

_____. 2018a. *A Broken Social Elevator? How to Promote Social Mobility*, Paris: _____. 2018b. Education at a Glance, Paris: OECD.

_____. 2019a. *Programme for International Student Assessment(PISA) Results in 2018: Country Note(Korea)*, Paris: OECD.

_____. 2019b. OECD.Stat.

Park, Hyunjoon, Soo－yong Byun, and Kyung－keun Kim. 2011. "Parental Involvement and Students' Cognitive Outcomes in Korea: Focusing on Private Tutoring." *Sociology of Education* 84(1), 3－22.

Park, Hyun－Joon and Jeoron Smits. 2005. "Educational Assortative Mating in South Korea: Trends 1930-1998," *Research in Social Stratification and Mobility* 23: 103－127.

Park, So Jin. 2007. "Educational Manager Mothers: South Korea's Neoliberal Transformation," *Korea Journal*, 47(3), pp.

Perlman, Elisabeth. 2016. "SCHOOL GENDER GAP CRISIS: BOYS 'TWICE AS LIKELY TO FALL BEHIND GIRLS'" *Newsweek* 7/18/16.

Rawls, John. 1971. *A Theory of Justice*, Cambridge Mass.: Harvard University Press.

__________. 2001. *Justice as Fairness: A restatement, Cambridge*, Mass.: Harvard University Press.

Roemer, John. 1998. *Equality of Opportunity*, Cambridge Mass.: Harvard University Press.

Shauman, Kimberlee A. 2006. "Occupational sex segregation and the earnings of occupations: What causes the link among college-educated workers?" *Social Science Research* 35(3): 577-619.

Shavit, Yossi and H. P. Blossfeld. 1993. Persistent Inequality: chainging educational attainment acorss thirteen countries, Boulder: Westview Press.

Song, Jae, David J Price, Fatih Guvenen, Nicholas Bloom, and Till von Wachter. 2019. "Firming Up Inequality." *Quarterly Journal of Economics* 134(1): 1-50.

Spence, Mike. 1973. "Job market signalling." *Quarterly Journal of Economics*. Vol. 87, No 3. pp355-74.

Stoet, Gijsbert and David C. Geary. 2018. "The Gender-Equality Paradox in Science, Technology, Engineering, and Mathematics Education", *Psychological Science*, 29/4, 581-593.

Tomaskovic-Devey, Donald and Sheryl Skaggs. 1999. "An Establishment-Level Test of the Statistical Discrimination Hypothesis." *Work and Occupations* 26(4): 422-445.

Treiman, Donald J. and Heidi I. Hartmann, eds. 1981. *Women, Work, and Wages*. National Academy Press.

World Economic Forum. 2015. *The global gender gap report 2015*. Geneva: WEF.

찾아보기

저자 약력

신광영

신광영은 서울대학교 사회학과에서 학사, 미네소타대학교(University of Minnesota－Minneapolis) 사회학 석사, 위스컨신대학교(University of Wisconsin－Madison) 사회학 박사 학위를 취득하였다. 한림대학교와 중앙대학교 사회학과 교수를 거쳐서 현재 중앙대 사회학과 CAU－Fellow로 재직하고 있다.

김창환

김창환은 서강대학교를 졸업한 후 텍사스대학교(University of Texas at Austin)에서 사회학 박사학위를 취득하였다. 현재 캔사스대학교(University of Kansas) 사회학과 교수로 재직 중이다. 노동시장, 교육, 소득불평등, 통계방법론, 아시아계 미국인이 주 연구 분야이다.

한국학총서
교육, 젠더와 사회이동: 한국사회 계층화의 성별 차이는 줄어들었는가?

초판발행 2021년 3월 15일
중판발행 2024년 2월 5일

지은이 신광영 · 김창환
펴낸이 노 현

편 집 배근하
기획/마케팅 정성혁
표지디자인 이미연
제 작 고철민 · 조영환

펴낸곳 ㈜ 피와이메이트
서울특별시 금천구 가산디지털2로 53 한라시그마밸리 210호(가산동)
등록 2014. 2. 12. 제2018-000080호
전 화 02)733-6771
f a x 02)736-4818
e-mail pys@pybook.co.kr
homepage www.pybook.co.kr
ISBN 979-11-6519-110-8 94370
979-11-6519-109-2(세트)

정 가 11,000원